# CON ~~VERSATIONS~~
# IN INTERMEDIATE
# ITALIAN

### Short Natural Dialogues to
### Boost Your Confidence &
### Improve Your Spoken Italian

*by* Olly Richards

Edited by Eleonora Calviello & James Granahan

*101 Conversations in Intermediate Italian: Short Natural Dialogues to Boost Your Confidence & Improve Your Spoken Italian*

# FREE STORYLEARNING®
# KIT

Discover how to learn foreign languages faster & more effectively through the power of story.

Your free video masterclasses, action guides & handy printouts include:

- A simple six-step process to maximise learning from reading in a foreign language

- How to double your memory for new vocabulary from stories

- Planning worksheet (printable) to learn faster by reading more consistently

- Listening skills masterclass: "How to effortlessly understand audio from stories"

- How to find willing native speakers to practise your language with

To claim your FREE StoryLearning® Kit, visit:

*www.storylearning.com/kit*

# WE DESIGN OUR BOOKS TO BE INSTAGRAMMABLE!

Post a photo of your new book to Instagram

using #storylearning and you'll get an entry

into our monthly book giveaways!

Tag us **@storylearningpress** to make sure we see you!

# BOOKS BY OLLY RICHARDS

Olly Richards writes books to help you learn languages through the power of story. Here is a list of all currently available titles:

*Short Stories in Danish For Beginners*

*Short Stories in Dutch For Beginners*

*Short Stories in English For Beginners*

*Short Stories in French For Beginners*

*Short Stories in German For Beginners*

*Short Stories in Icelandic For Beginners*

*Short Stories in Italian For Beginners*

*Short Stories in Norwegian For Beginners*

*Short Stories in Brazilian Portuguese For Beginners*

*Short Stories in Russian For Beginners*

*Short Stories in Spanish For Beginners*

*Short Stories in Swedish For Beginners*

*Short Stories in Turkish For Beginners*


*Short Stories in Arabic for Intermediate Learners*

*Short Stories in English for Intermediate Learners*

*Short Stories in Italian for Intermediate Learners*

All titles are also available as audiobooks. Just search your favourite store!

For more information visit Olly's author page at:
*www.storylearning.com/books*

# ABOUT THE AUTHOR

 Olly Richards is a foreign language expert and teacher. He speaks eight languages and has authored over 30 books. He has appeared in international press, from the BBC and the Independent to El País and Gulf News. He has featured in language documentaries and authored language courses for the Open University.

Olly started learning his first foreign language at the age of 19, when he bought a one-way ticket to Paris. With no exposure to languages growing up, and no natural talent for languages, Olly had to figure out how to learn French from scratch. Twenty years later, Olly has studied languages from around the world and is considered an expert in the field.

Through his books and website, StoryLearning.com, Olly is known for teaching languages through the power of story – including the book you are holding in your hands right now!

You can find out more about Olly, including a library of free training, at his website:

*www.storylearning.com*

# CONTENTS

# INTRODUCTION

If you've ever tried speaking Italian with a stranger, chances are it wasn't easy! You might have felt tongue-tied when you tried to recall words or verb conjugations. You might have struggled to keep up with the conversation, with Italian words flying at you at 100mph. Indeed, many students report feeling so overwhelmed with the experience of speaking Italian in the real world that they struggle to maintain motivation. The problem lies with the way Italian is usually taught. Textbooks and language classes break Italian down into rules and other "nuggets" of information in order to make it easier to learn. But that can leave you with a bit of a shock when you come to actually speak Italian out in the real world: "People don't speak like they do in my textbooks!" That's why I wrote this book.

*101 Conversations in Intermediate Italian* prepares you to speak Italian in the real world. Unlike the contrived and unnatural dialogues in your textbook, the 101 authentic conversations in this book offer you simple but authentic spoken Italian that you can study away from the pressure of face-to-face conversation. The conversations in this book tell the story of six people in Madrid. You'll experience the story by following the conversations the characters have with one another. Written entirely in spoken Italian, the conversations give you the authentic experience of reading real Italian in a format that is convenient and accessible for a beginner (A2 on the Common European Framework of Reference).

The extensive, story-based format of the book helps you get used to spoken Italian in a natural way, with the words and phrases you see gradually emerging in your own spoken Italian as you learn them naturally through your reading. The book is packed with engaging learning material including short dialogues that you can finish in one sitting, helpful English definitions of difficult words, scene-setting introductions to each chapter to help you follow along, and a story that will have you gripped until the end. These learning features allow you to learn and absorb new words and phrases, and then activate them so that, over time, you can remember and use them in your own spoken Italian. You'll never find another way to get so much practice with real, spoken Italian!

Suitable for beginners and intermediate learners alike, *101 Conversations in Intermediate Italian* is the perfect complement to any Italian course and will give you the ultimate head start for using Italian confidently in the real world! Whether you're new to Italian and looking for an entertaining challenge, or you have been learning for a while and want to take your speaking to the next level, this book is the biggest step forward you will take in your Italian this year.

If you're ready, let's get started!

# HOW TO USE THIS BOOK

There are many possible ways to use a resource such as this, which is written entirely in Italian. In this section, I would like to offer my suggestions for using this book effectively, based on my experience with thousands of students and their struggles.

There are two main ways to work with content in a foreign language:

1. Intensively

2. Extensively

*Intensive* learning is when you examine the material in great detail, seeking to understand all the content - the meaning of vocabulary, the use of grammar, the pronunciation of difficult words, etc. You will typically spend much longer with each section and, therefore, cover less material overall. Traditional classroom learning, generally involves intensive learning. *Extensive* learning is the opposite of intensive. To learn extensively is to treat the material for what it is – not as the object of language study, but rather as content to be enjoyed and appreciated. To read a book for pleasure is an example of extensive reading. As such, the aim is not to stop and study the language that you find, but rather to read (and complete) the book.

There are pros and cons to both modes of study and, indeed, you may use a combination of both in your approach.

However, the "default mode" for most people is to study *intensively*. This is because there is the inevitable temptation to investigate anything you do not understand in the pursuit of progress and hope to eliminate all mistakes. Traditional language education trains us to do this. Similarly, it is not obvious to many readers how extensive study can be effective. The uncertainty and ambiguity can be uncomfortable: "There's so much I don't understand!"

In my experience, people have a tendency to drastically overestimate what they can learn from intensive study, and drastically underestimate what they can gain from extensive study. My observations are as follows:

- **Intensive learning**: Although it is intuitive to try to "learn" something you don't understand, such as a new word, there is no guarantee you will actually manage to "learn" it! Indeed, you will be familiar with the feeling of trying to learn a new word, only to forget it shortly afterwards! Studying intensively is also time-consuming meaning you can't cover as much material.

- **Extensive learning**: By contrast, when you study extensively, you cover huge amounts of material and give yourself exposure to much more content in the language than you otherwise would. In my view, this is the primary benefit of extensive learning. Given the immense size of the task of learning a foreign language, extensive learning is the only way to give yourself the exposure to the language that you need in order to stand a chance of acquiring it. You simply can't learn everything you need in the classroom!

When put like this, extensive learning may sound quite compelling! However, there is an obvious objection: "But how do I *learn* when I'm not looking up or memorising things?" This is an understandable doubt if you are used to a traditional approach to language study. However, the truth is that you can learn an extraordinary amount *passively* as you read and listen to the language, but only if you give yourself the opportunity to do so! Remember, you learned your mother tongue passively. There is no reason you shouldn't do the same with a second language!

Here are some of the characteristics of studying languages extensively:

***Aim for completion*** When you read material in a foreign language, your first job is to make your way through from beginning to end. Read to the end of the chapter or listen to the entire audio without worrying about things you don't understand. Set your sights on the finish line and don't get distracted. This is a vital behaviour to foster because it trains you to enjoy the material before you start to get lost in the details. This is how you read or listen to things in your native language, so it's the perfect thing to aim for!

***Read for gist*** The most effective way to make headway through a piece of content in another language is to ask yourself: "Can I follow the gist of what's going on?" You don't need to understand every word, just the main ideas. If you can, that's enough! You're set! You can understand and enjoy a great amount with gist alone, so carry on through the material and enjoy the feeling of making progress! If the material is so hard that you struggle to understand even the gist, then my advice for you would be to consider easier material.

***Don't look up words*** As tempting as it is to look up new words, doing so robs you of time that you could spend reading the material. In the extreme, you can spend so long looking up words that you never finish what you're reading. If you come across a word you don't understand… Don't worry! Keep calm and carry on. Focus on the goal of reaching the end of the chapter. You'll probably see that difficult word again soon, and you might guess the meaning in the meantime!

***Don't analyse grammar*** Similarly to new words, if you stop to study verb tenses or verb conjugations as you go, you'll never make any headway with the material. Try to *notice* the grammar that's being used (make a mental note) and carry on. Have you spotted some unfamiliar grammar? No problem. It can wait. Unfamiliar grammar rarely prevents you from understanding the gist of a passage but can completely derail your reading if you insist on looking up and studying every grammar point you encounter. After a while, you'll be surprised by how this "difficult" grammar starts to become "normal"!

***You don't understand? Don't worry!*** The feeling you often have when you are engaged in extensive learning is: "I don't understand". You may find an entire paragraph that you don't understand or that you find confusing. So, what's the best response? Spend the next hour trying to decode that difficult paragraph? Or continue reading regardless? (Hint: It's the latter!) When you read in your mother tongue, you will often skip entire paragraphs you find boring, so there's no need to feel guilty about doing the same when reading Italian. Skipping difficult passages of text may feel like cheating, but it can, in fact, be a mature approach to reading that allows you to make progress through the material and, ultimately, learn more.

If you follow this mindset when you read Italian, you will be training yourself to be a strong, independent Italian learner who doesn't have to rely on a teacher or rule book to make progress and enjoy learning. As you will have noticed, this approach draws on the fact that your brain can learn many things naturally, without conscious study. This is something that we appear to have forgotten with the formalisation of the education system. But, speak to any accomplished language learner and they will confirm that their proficiency in languages comes not from their ability to memorise grammar rules, but from the time they spend reading, listening to, and speaking the language, enjoying the process, and integrating it into their lives.

So, I encourage you to embrace extensive learning, and trust in your natural abilities to learn languages, starting with… The contents of this book!

# THE FIVE-STEP READING PROCESS

Here is my suggested five-step process for making the most of each conversation in this book:

1.  Read the short introduction to the conversation. This is important, as it sets the context for the conversation, helping you understand what you are about to read. Take note of the characters who are speaking and the situation they are in. If you need to refresh your memory of the characters, refer to the character introductions at the front of the book.

2.  Read the conversation all the way through without stopping. Your aim is simply to reach the end of the conversation, so do not stop to look up words and do not worry if there are things you do not understand. Simply try to follow the gist of the conversation.

3.  Go back and read the same conversation a second time. If you like, you can read in more detail than before, but otherwise simply read it through one more time, using the vocabulary list to check unknown words and phrases where necessary.

4.  By this point, you should be able to follow the gist of the conversation. You might like to continue to read the same conversation a few more times until you feel confident. This is time well-spent and with each repetition you will gradually build your understanding of the content.

5. Move on! There is no need to understand every word in the conversation, and the greatest value to be derived from the book comes from reading it through to completion! Move on to the next conversation and do your best to enjoy the story at your own pace, just as you would any other book.

At every stage of the process, there will inevitably be words and phrases you do not understand or passages you find confusing. Instead of worrying about the things you *don't* understand, try to focus instead on everything that you *do* understand, and congratulate yourself for the hard work you are putting into improving your Italian.

# IL SEGRETO NEL QUADRO

(The Secret in the Painting)

*Translated by Annalisa Distefano*

# CHARACTER PROFILES

### Agostina Santoro

Detective Santoro is a policewoman who works in Rome. After her previous experiences with Nina and Alice, she now specialises in cases related to the world of art.

### Ignazio Gallinari

Peter is a detective and colleague of Detective Santoro. He has had less time on the job and, therefore, Detective Santoro is his guide and mentor. He listens attentively to what she says and follows her instructions to the letter, although he is not afraid to give his opinion when he thinks necessary.

### Nina

A young art historian and curator who works at the Complesso del Vittoriano in Rome.

### Amalia Zucconi

The Director of the Complesso del Vittoriano in Rome.

## Ispettore capo Zamboni

Chief Inspector at the police station where Detective Santoro works. He controls the work of everyone in the division.

## Luca

A scholar at the Complesso del Vittoriano, under the supervision of Natalie. He is an art history student. Everyone in his family is on the police force but he wants to dedicate his life to painting.

# INTRODUCTION TO THE STORY

Shortly after arresting a major art forger, detective Agostina Santoro receives a call from the director of the Complesso del Vittoriano in Rome.

Has another work of art gone missing? Actually, the opposite! A mysterious painting has appeared on the Complesso's walls. No-one knows where it came from or how it got there.

Detective Santoro goes to the museum with her partner Ignazio Gallinari. They meet the director, Amalia, and the curator, Nina. Could this be a mistake? A joke? In fact, it's neither! They discover some tiny writing on the back of the painting: "This painting is not here by accident."

While they try to figure out where the painting came from, they further discover that it is filled with clues. The painting contains five scenes, each representing a crime that will be committed somewhere in Rome by the end of the day.

As they race around the city to stop this crime wave, more questions arise: Who is behind this network of organised crime? And who is trying to warn detective Santoro?

# 1. LA CHIAMATA

*La detective Agostina Santoro viene svegliata dallo squillo del telefono. Guarda l'orologio: sono le 7 di mattina. Suo figlio, Matteo, risponde alla chiamata e lei rimane in silenzio ad ascoltare. Dopo alcuni minuti, riesce a mettere insieme l'energia sufficiente per alzarsi dal letto e andare in cucina.*

**Matteo:** Buongiorno, mamma!

**Agostina:** Buongiorno, tesoro, come stai oggi?

**Matteo:** Benissimo! E tu?

**Agostina:** Sono molto stanca. Ho lavorato molto questa settimana... spero che i prossimi giorni siano più tranquilli!

**Matteo:** Anch'io lo spero! Sono a pezzi!

**Agostina:** Ah, sì?! E come mai?

**Matteo:** Mi fanno lavorare sodo a scuola, il maestro ci dice di colorare, colorare e colorare, e vuole assolutamente che usiamo *tutti* i colori. E poi c'è l'ora dei racconti e dopo dobbiamo cantare una canzone, e poi giocare a palla...

**Agostina:** Capisco, e poi qui a casa io dormo e a te tocca rispondere al telefono. A proposito, chi era?

**Matteo:** Il tuo capo, ha detto che era *agente*!

**Agostina:** Agente?

**Matteo:** No, non era *agente*. Ha detto che era...*indigente*.

**Agostina:** Ma cosa dici, Matteo? Aspetta...ha forse detto che era urgente?

**Matteo:** Ah, sì! Ha detto che era *urgente*!

---

*Lessico*

**lo squillo** telephone ring
**essere a pezzi** to be exhausted, tired out
**lavorare sodo** to work hard
**a te tocca** you have to
**indigente** destitute

# 2. L'URGENZA

*Agostina Santoro prende il telefono e richiama il suo capo, l'ispettore Zamboni. È un uomo dal brutto carattere e dai modi bruschi, però ci è sempre andata d'accordo. Mentre Agostina parla con lui, prepara un latte al cioccolato per Matteo, che se lo beve in silenzio mentre guarda i cartoni animati.*

**Zamboni:** Pronto?

**Agostina:** Salve, Zamboni. Sono io, la detective Santoro. Ha chiamato poco fa?

**Zamboni:** Sì, sì, ho detto a tuo figlio che era urgente, dov'eri?

**Agostina:** Mi spiace, dopo il caso di questa settimana, sono davvero stanca. Ero a letto.

**Zamboni:** Bene, spero che tu abbia dormito a sufficienza, perché abbiamo qualcosa di nuovo che richiede la tua presenza immediata al commissariato.

**Agostina:** Oh, no! Di che si tratta? Un altro falsificatore di quadri?

**Zamboni:** Non posso darti altri dettagli per telefono, Santoro, devi venire qui. Accompagna Matteo a scuola e vieni il prima possibile.

**Agostina:** Va bene. Sarò lì tra mezz'ora.

**Zamboni:** Perfetto, ti aspettiamo.

**Agostina:** A tra poco!

**Matteo:** Mamma, cosa vuol dire *urgente*?

---

*Lessico*

**i modi bruschi** brusque manners
**andare d'accordo** to get along
**il commissariato** police station
**falsificatore** forger, falsifier

# 3. QUALCOSA DI INASPETTATO

*Dopo aver accompagnato Matteo a scuola, Agostina si precipita alla stazione di polizia. Al suo arrivo, vede che il suo capo, l'ispettore Zamboni, la sta aspettando sulla soglia e sembra essere molto preoccupato.*

**Agostina:** Ispettore Zamboni, che è successo? Cosa c'è di così tanto urgente?

**Zamboni:** Non te lo posso dire qui... Entriamo in ufficio e ti farò vedere.

**Agostina:** Quanto mistero! Deve essere un caso molto delicato. Ignazio è già dentro?

**Zamboni:** Sì, sono tutti dentro. È una situazione molto seria... e richiede la tua attenzione immediata.

**Tutti:** SORPRESAAAAAAA!

**Agostina:** Ahhhhh! Ma cos'è, una festa a sorpresa?

**Zamboni:** Buon compleanno, detective Santoro!

**Agostina:** È vero, il mio compleanno è il 12 settembre!

**Ignazio:** *Oggi* è il 12 settembre, Santoro. E compi quarant'anni!

**Agostina:** Santo cielo, è vero! Grazie, collega!

**Zamboni:** Inizio a pensare che ti serva davvero una vacanza. Bene, tutti quanti, un brindisi per la nostra miglior detective, la quale, nel caso qualcuno si fosse distratto e non lo sapesse, ieri ha catturato Pino Quercia, il più grande falsificatore di Renato Guttuso di tutta Europa. Salute!

**Tutti:** Salute!

**Agostina:** Grazie di cuore a tutti! È un onore lavorare con questa squadra... Un momento, quella è una torta al cioccolato? Su, datemene una fettina!

---

*Lessico*

**precipitarsi** to rush
**la soglia** threshold, doorstep
**compiere [gli anni]** to turn a certain age, have a birthday
**santo cielo!** goodness gracious!
**un brindisi** a toast
**salute!** cheers!
**grazie di cuore** thanks from the bottom of my heart

# 4. LA SECONDA CHIAMATA

*Mentre al commissariato di polizia si festeggia il compleanno di Agostina, sulla scrivania squilla il telefono. Mandando giù di corsa l'ultimo boccone di torta, la detective Santoro risponde al telefono.*

**Agostina:** Pronto! Chi parla?

**Amalia:** Detective Santoro, sono Amalia Zucconi, la direttrice del Complesso del Vittoriano. Volevo farle le mie felicitazioni!

**Agostina:** Buongiorno, Amalia. Anche lei ha saputo del mio compleanno? A quanto pare sono stata l'ultima ad essermene ricordata!

**Amalia:** No, non sapevo che fosse il suo compleanno, tanti auguri, allora! Le stavo facendo i miei complimenti per aver acciuffato Pino Quercia. Finalmente ci siamo liberati di quel malfattore! Non so che cosa mi infastidisca di più: il fatto che le sue opere fossero tanto buone da ingannare persino i migliori specialisti o che una persona con così tanto talento abbia deciso di dedicarsi a falsificare opere invece di sviluppare la propria vena artistica.

**Agostina:** Sì, è un davvero un peccato! A proposito, che ne farete dei suoi quadri?

**Amalia:** Beh, anche se non sono originali di Guttuso, ora li consideriamo come dei pezzi storici, soprattutto da quando ha catturato l'artista! Stiamo organizzando una mostra speciale dedicata alla falsificazione.

**Agostina:** Mi sembra un'idea fantastica! Dopo aver lavorato al caso dei disegni di Luca Giordano, l'anno scorso, sono sempre più interessata al mondo dell'arte.

**Amalia:** Lo so! Ed è esattamente per questo che l'ho chiamata...

**Agostina:** Oh, no! C'è stato qualche furto al Vittoriano?

**Amalia:** No... Piuttosto *il contrario*. Sarà meglio che venga qui.

---

*Lessico*

**mandare giù** to swallow
**il boccone** bite
**acciuffare** to seize, to catch
**malfattore** wrongdoer, perpetrator
**ingannare** to deceive
**la mostra** exhibition
**il furto** theft

# 5. L'APPARIZIONE

*Dopo essersi scusata col suo capo e i suoi colleghi per non poter rimanere a festeggiare e bere con loro, Agostina si dirige al Complesso del Vittoriano. Al suo arrivo, incontra Amalia e la sua amica Nina, con la quale in passato aveva collaborato all'arresto di un ladro di arte. Amalia e Nina osservano preoccupate un grande quadro in una delle sale più importanti dell'ala di arte contemporanea del museo.*

**Nina:** Agostina! Come stai?

**Agostina:** Ciao, Nina. Bene! Tu come stai? E Alice?

**Nina:** Alice può a malapena muoversi. Il bambino nascerà tra un paio di settimane e il piccolo è molto irrequieto... però, a parte questo, va tutto bene.

**Agostina:** Ne sono felice. Lei come sta, Amalia? La sua chiamata mi ha fatto davvero incuriosire, mi volete raccontare che succede? Per caso questo quadro è un falso? È stato rubato?

**Amalia:** Sarò onesta...non siamo sicure di quale sia il problema di questo quadro.

*Lessico*

**dirigersi** to head to
**l'ala** the wing
**a malapena** barely
**irrequieto** agitated
**far incuriosire** intrigue

# 6. IL PEZZO MANCANTE

*La detective Santoro non riesce ancora a capire perché Amalia l'abbia chiamata. Sembra che ci sia qualche problema con il quadro che lei e Nina stavano osservando, però le due non riescono a spiegarle bene la situazione.*

**Nina:** Credo che sia meglio raccontarti dall'inizio come ci siamo accorte che c'era qualcosa di strano.

**Agostina:** Va bene.

**Nina:** Nelle ultime settimane, sono arrivate al museo diverse nuove opere d'arte. Sicuramente avrai notato che, in tutti i musei, tutte le opere vengono accompagnate da un una piccola nota, una scheda tecnica, dove viene spiegato chi è l'artista, di quale anno è l'opera e altre informazioni rilevanti.

**Agostina:** Sì, certo.

**Nina:** Bene, oggi sono arrivate le schede di tutte le nuove opere. Però, quando abbiamo finito di sistemarle tutte, ci siamo accorte che la scheda di questo quadro non è mai arrivata. Abbiamo pensato che si trattasse di un semplice errore, ma non è così. La scheda di questo quadro non è stata inviata in stampa perché il quadro non fa parte della nostra collezione.

**Agostina:** Che vuoi dire?

**Amalia:** Questo quadro non ci appartiene: non lo abbiamo acquistato, nessuno l'ha donato...è semplicemente comparso qui.

---

*Lessico*

**accorgersi** to realize, to notice
**la scheda** data sheet, profile
**sistemare** to set, arrange
**trattarsi** to regard, to concern
**appartenere** to belong
**comparire** to appear

# 7. IL QUADRO

*Agostina si sofferma a guardare l'opera con attenzione per la prima volta. È un quadro grande, lungo almeno due metri e alto quasi un metro, con una grossa cornice di metallo. Nel quadro sono dipinti molti personaggi e diverse scene in luoghi affollati. Le ricorda i libri di "Dov'è Wally?" che Matteo ama tanto.*

**Agostina:** Non capisco... è davvero un mistero.
All'improvviso, un quadro appare appeso qui. Sicuramente si tratta di un errore, però capisco la vostra preoccupazione. Dovremo controllare le telecamere di sicurezza e parlare con il personale del museo.

**Amalia:** Certamente, non abbiamo ancora fatto niente. Abbiamo pensato di chiamarla prima di fare qualsiasi cosa perché... Beh, temiamo che possa esserci qualche... *strano dispositivo* nella cornice o dietro la tela...

**Agostina:** Pensate che possa esserci *una bomba* nel quadro?!

---

*Lessico*

**soffermarsi** to linger, to pause
**la cornice** the frame
**luoghi affollati** crowded places
**appeso** hung
**dispositivo** apparatus, device
**la tela** canva

# 8. LA BOMBA?

*Amalia ha appena detto alla detective Santoro che sospettano la presenza di un esplosivo all'interno del quadro che misteriosamente è apparso nel museo. Agostina fa una telefonata.*

**Nina:** Chi stai chiamando?

**Agostina:** Il mio collega, Ignazio, per dirgli di venire con il nostro rilevatore di esplosivi. Per prima cosa, però, perché pensate possa esserci una bomba nel quadro?

**Amalia:** Beh, ovviamente è solo un'idea, però abbiamo molte personalità importanti che visitano il museo: politici da tutto il mondo, membri delle famiglie reali, impresari. Sarebbe il metodo perfetto per far entrare un esplosivo senza mettere in guardia la sicurezza.

**Agostina:** Ottima considerazione. Certo, è una possibilità da non escludere. C'è qualche evento importante in programma?

**Nina:** Sì. Questo mese sono in programma eventi di tutti i tipi, e verranno in visita personalità di rilievo da tutto il mondo.

**Agostina:** Va bene. Più tardi, se possibile, mi servirebbe una lista dettagliata... Ah, guardate, ecco che arriva il nostro rilevatore di bombe.

**Nina:** Ma quanto è bello!

## Lessico

**apparso** appeared
**rilevatore** detection device
**impresario** entrepreneur, producer
**mettere in guardia** to alert
**la sicurezza** security services (*also:* safety)
**personalità di rilievo** prominent personalities
**ecco che arriva** here it comes

# 9. IL RILEVATORE
# DI ESPLOSIVI

*Ignazio, il collega di Agostina, attraversa il corridoio e si avvicina. Al guinzaglio ha un enorme cane della polizia. Nina, che ama gli animali, gli si avvicina e comincia ad accarezzare il cane.*

**Nina:** Ma quanto sei bello, cagnolone! Come si chiama?

**Ignazio:** Ufficialmente, si chiama Canino 1977, però noi lo chiamiamo "Raggio X".

**Nina:** Perché "Raggio X"?

**Ignazio:** Perché vede attraverso la materia. A Raggio X non sfugge niente, è il migliore!

**Nina:** Ma quanto sei bello, Raggio X! Ti porterei a casa con me...

**Ignazio:** Purtroppo abbiamo bisogno di lui alla centrale, ma puoi venire a trovarlo quando vuoi!

**Agostina:** Va bene, basta con le coccole! Questo è il quadro di cui ti ho parlato, Ignazio. Porta qui Raggio X, per vedere se fiuta qualcosa...

## Lessico

**il gunzaglio** leash
**accarezzare** to pet
**cagnolone** big dog (affectionate *-one* suffix)
**sfuggire** to escape, to slip away
**la centrale** police station
**le coccole** cuddle, snuggle
**fiutare** to sniff

# 10. FUORI PERICOLO

*Raggio X, il numero uno dell'unità cinofila antiesplosivi, si avvicina per fiutare il quadro, ma non mostra alcuna reazione. La detective Santoro e Ignazio assicurano Amalia e Nina che non c'è nessun esplosivo nascosto dietro la tela o nella cornice.*

**Agostina:** Siamo al sicuro. Se Raggio X non fiuta niente, vuol dire che non c'è nulla di cui preoccuparsi.

**Ignazio:** Beh, per lo meno, niente che possa esplodere! Però potrebbero sempre esserci nel quadro una lettera, un messaggio o una traccia della persona che l'ha fatto arrivare al museo... A meno che non si tratti di un semplice errore.

**Agostina:** Spero che si tratti di questo. Adesso, se non è un problema, vorrei ispezionare il quadro per vedere se c'è qualcosa nella cornice o dietro alla tela, sarebbe possibile?

**Nina:** Nessun problema. Chiamo il mio assistente.

**Amalia:** Io purtroppo devo lasciarvi, ho una riunione tra poco. Detective, Nina e Luca l'assisteranno in tutto quello che le serve, e potete sempre chiamarmi per qualunque cosa.

**Agostina:** Certo, Amalia. Non si preoccupi,

## Lessico

**unità cinofila antiesplosivi** K-9 unit dedicated to explosives
**una traccia** a trail, a lead
**a meno che** unless
**purtroppo** unfortunately
**la riunione** meeting

# 11. LUCA, L'ASSISTENTE

*Nina chiama Luca, il suo assistente, il quale li raggiunge in un batter d'occhio. Si tratta di un giovane sui venticinque anni, molto sorridente e allegro. È alto e ha i capelli neri e ricci. Nina presenta Luca alla Detective Santoro e a Ignazio.*

**Agostina:** È un piacere conoscerti, Luca.

**Luca:** Il piacere è mio. Siete della polizia, quindi?

**Agostina:** Sì, ma non allarmarti, stiamo solo investigando.

**Luca:** Oh, non preoccupatevi, sono più che abituato ai poliziotti!

**Agostina:** Ah, sì?! E come mai?

**Luca:** Perché quasi tutti nella mia famiglia sono poliziotti. Mio padre, i miei zii e le mie sorelle maggiori. Io sono la pecora nera... Immaginatevi la reazione di mio padre quando gli ho detto che volevo studiare arte!

**Ignazio:** Me lo posso immaginare... Io vengo da una famiglia di artisti!

---

*Lessico*

**in un batter d'occhio** instantly, in the blink of an eye
**sui... anni** about... years old
**allegro** cheerful, happy
**la pecora nera** the black sheep

# 12. LA CORNICE

*Notando che la detective Santoro si sta spazientendo, Nina interrompe i due ragazzi che nel frattempo stanno chiacchierando delle loro rispettive famiglie, e cerca di riportare la concentazione sul caso in questione.*

**Nina:** Luca, potresti aiutarmi a tirare giù questo quadro e a girarlo affinché i detective possano studiarlo più da vicino?

**Luca:** Certo, scusa.

**Agostina:** Vediamo... Sembrerebbe che dietro la tela non ci sia niente.

**Ignazio:** La cornice dietro è vuota. Possiamo controllare meglio, ma non vedo nessun oggetto o sostanza sospetti.

**Agostina:** Comincio a pensare che questo quadro si trovi qui per puro errore...

**Nina:** Il quadro non si trova qui per errore.

**Agostina:** Che vuoi dire? Come lo sai?

**Nina:** È scritto lì! Guardate, in quell'angolo... qualcuno ha scritto "Questo quadro non è qui per errore".

*Lessico*

**spazientirsi** becoming impatient, irritated
**nel frattempo** in the meanwhile
**riportare la concentrazione su** to take back the focus on
**tirare giù** to lower, to pull down

# 13. "QUESTO QUADRO NON È QUI PER ERRORE"

*Tutti si avvicinano per vedere la scritta indicata da Nina, tranne Luca, che rimane di lato ad accarezzare il cane Raggio X. La scritta è molto piccola, fatta con inchiostro di colore rosso.*

**Amalia:** Credete che si tratti di uno scherzo? Che qualcuno stia cercando di prendersi gioco del sistema di sicurezza del museo?

**Nina:** Magari si tratta di un'opera d'arte concettuale... Un artista frustrato che vuole denunciare il circuito elitario dell'arte...

**Agostina:** Non credo che si tratti di qualcosa di così contorto... Anche se devo ammettere che quello che abbiamo tra le mani non è un caso semplice da risolvere.

**Ignazio:** Quello che è certo è che chiunque abbia fatto arrivare il quadro fin qui stia cercando di dirci qualcosa.

**Agostina:** Dunque, dovremo controllare le registrazioni delle telecamere di sicurezza per vedere se possiamo scoprire chi è stato.

**Luca:** Non è necessario, io so chi ha portato questo quadro al museo.

**Tutti:** E chi è stato?

**Luca:** Io, ovviamente.

*Lessico*

**avvicinarsi** becoming impatient, irritated
**tranne** except
**l'inchiostro** ink
**lo scherzo** a joke
**prendersi gioco di** to make fun of, to mock
**magari** perhaps

# 14. LA SPIEGAZIONE

*Tutti si fermano per un attimo a guardare Luca a bocca aperta, finché Nina capisce quello che il ragazzo intendeva dire davvero.*

**Nina:** Certo, è Luca che porta dentro tutti i quadri!

**Agostina:** Come funziona di preciso?

**Nina:** Funziona così: quando riceviamo una donazione, facciamo un acquisto o qualsiasi altro tipo di acquisizione, il museo si incarica di andare a prendere i pezzi all'aeroporto o dovunque siano le opere. Luca è quello che li va a prendere.

**Agostina:** È lui l'unico responsabile per portare i pezzi fino a qui?

**Nina:** No, certo che no! Lo facciamo con un camion speciale e un gruppo completo di specialisti, però è lui che si occupa di coordinare i trasferimenti e di mantenermi informata su tutto.

**Luca:** Esatto. Questo quadro è arrivato una settimana fa, più o meno, sono stato io stesso a prelevarlo!

## Lessico

**intendere** to mean, to intend
**incaricarsi** to appoint oneself, to take it upon oneself
**dovunque** everywhere, anywhere
**il camion** truck, lorry
**prelevare** to pick up, to collect

# 15. LA CHIAMATA MISTERIOSA

*Dopo aver ascoltato la spiegazione di Nina e Luca, la detective Santoro e Ignazio continuano a indagare per scoprire l'origine del quadro misterioso che è stato portato al museo del Vittoriano.*

**Ignazio:** Dove hai preso il quadro?

**Luca:** Non c'è stato niente di insolito quel giorno. Ho ricevuto una chiamata con l'ordine di andare a prendere il quadro in un negozio d'arte nel quale sono stato altre volte. Molte gallerie importanti della città si forniscono lì. Quando sono arrivato, il responsabile del magazzino mi ha mostrato dove si trovava il dipinto, così lo abbiamo preso e portato al camion.

**Agostina:** Non c'era nessun altro nel magazzino?

**Luca:** No, solo il dipinto.

**Nina:** Aspetta un attimo, Luca. L'unica persona che ti dice dove andare a prendere le nuove opere sono io... Però io non ti ho mai mandato a prendere questo dipinto. Perché hai dato retta a quella chiamata?

**Luca:** Beh, perché eri tu al telefono...lo ricordo perfettamente. Quel giorno pioveva. Eri andata via perché dovevi accompagnare Alice a fare un'ecografia. Dopo un paio d'ore, ho ricevuto una chiamata. Non ho riconosciuto il numero, però quando ho risposto eri tu. Ho pensato che magari mi stessi chiamando dal telefono di Alice. Mi hai anche indicato precisamente dove avrei dovuto appendere il quadro.

**Nina:** Luca, quel giorno io non ho fatto nessuna chiamata...

---

*Lessico*

**insolito** unusual
**fornirsi** to stock, to supply
**il magazzino** warehouse, storage room
**mandare** to send
**dare retta** to listen to, to heed
**l'ecografia** sonogram, ultrasound
**appendere** to hang

# 16. UN NUMERO SCONOSCIUTO

*Una volta scoperto che la chiamata misteriosa che ha dato l'ordine a Luca di andare a prendere il quadro non è stata fatta da Nina, i detective chiedono a Luca di controllare sul suo telefono il numero che lo ha chiamato quel giorno.*

**Luca:** Nina, ti ricordi che giorno fosse di preciso?

**Nina:** Certo, Alice aveva un appuntamento per fare l'ecografia venerdì 6 settembre. Lo ricordo perfettamente perché avevamo preso l'appuntamento con il medico da mesi e avevamo la data annotata su un foglio sul frigorifero.

**Luca:** OK, vediamo. Sì, quel giorno ho ricevuto solo una telefonata tutto il giorno, il numero è questo.

**Agostina:** Ignazio, annota il numero, per favore. Lascia Raggio X alla sede centrale e dopo vai alla stazione di polizia per verificare a quale compagnia telefonica corrisponde e chi è il titolare di quel numero. Nina, è un numero che riconosci?

**Nina:** No, affatto. Non è il numero di Alice e, ad ogni modo, sono sicura di non aver fatto nessuna chiamata quel giorno.

**Agostina:** Non ti preoccupare, presto sapremo chi ha chiamato Luca spacciandosi per te.

*Lessico*

**annotare** to take note
**il titolare** owner
**affatto** at all, by all means
**ad ogni modo** either way, anyway
**spacciarsi per** pretending to be

# 17. IL QUADRO VIENE SPOSTATO DAL MUSEO

*Ignazio esce dal museo e si porta via il cane. A questo punto, Agostina informa Nina e Luca che dovrà portare il quadro con sé alla stazione di polizia.*

**Agostina:** Non sono sicura se sia un crimine portare un'opera d'arte in un museo, però spacciarsi per qualcun altro certamente lo è. Per questo, possiamo già aprire un'investigazione... Dovrò portarmi via il quadro come prova.

**Luca:** Si porta via il quadro?

**Agostina:** Sì, certo, dobbiamo portarlo alla stazione di polizia. Anzi, pensavo che magari potresti aiutarmi a trasportarlo con quel gruppo e quel camion di cui avete parlato prima.

**Nina:** Nessun problema, detective.

**Luca:** Che peccato!

**Agostina:** Perché dici così?

**Luca:** Beh, perché adesso che è parte di un mistero, questo dipinto inizia a diventare sempre più interessante.

**Agostina:** Credetemi, sarà più interessante quando scopriremo chi c'è dietro questo scherzo.

## *Lessico*

**portarsi via** to take away with you
**la prova** proof, evidence
**anzi** actually, rather
**che peccato!** what a pity, what a shame

# 18. ALLA STAZIONE
# DI POLIZIA

*La detective Santoro e Luca portano il quadro alla stazione di polizia e lo lasciano nell'ufficio della detective Santoro. Ignazio bussa alla porta: ha delle novità sul numero di telefono che ha chiamato Luca.*

**Ignazio:** Ho notizie buone e notizie cattive.

**Agostina:** Prima quelle buone, per favore, mi preoccuperò poi delle cattive...

**Ignazio:** Va bene. La buona notizia è che ho potuto verificare alcune informazioni sul numero di telefono: la compagnia è Kena Mobile, il numero appartiene a una di quelle Sim ricaricabili che puoi acquistare ovunque. So che normalmente richiedono un documento di identità o il codice fiscale per venderle, però mi hanno detto dalla compagnia che quella Sim non compare da nessuna parte nei registri come venduta, per cui deve essere stata rubata.

**Agostina:** Me lo immaginavo. Cosa risulta nel registro delle chiamate? Sono riusciti a identificare qualche chiamata con quel numero?

**Ignazio:** Sì, hanno identificato due telefonate. Una è quella fatta al telefono di Luca. E l'altra... e questa è la brutta notizia...

**Agostina:** A chi hanno fatto la seconda telefonata?

**Ignazio:** A un numero protetto...

---

*Lessico*

**bussare** to knock
**ovunque** everywhere, wherever
**il codice fiscale** tax code
**rubato** stolen

# 19. I NUMERI PROTETTI

*Ignazio ha appena aggiornato la detective Santoro su tutto quello che ha potuto verificare sul numero di telefono dal quale hanno chiamato Luca per dargli informazioni su dove prelevare il dipinto misterioso e portarlo al museo. Oltre ad aver chiamato lui, con lo stesso numero, hanno chiamato un'altra persona che però ha un "numero protetto".*

**Luca:** Cos'è un numero protetto?

**Ignazio:** Potrebbe essere un politico, un membro delle famiglie reali, un militare, un agente dei servizi segreti italiani...

**Agostina:** I numeri protetti sono numeri di telefono di persone molto importanti... Per questo le compagnie telefoniche non possono fornire alcuna informazione. Per ottenere qualcosa dovremo chiedere l'autorizzazione a qualcuno di alto rango, però non è affatto detto che ce la concederanno per un caso come questo... La concedono solo nel caso di un sequestro, di un attentato... qualcosa di grande.

**Luca:** OK, non sapevo esistessero numeri del genere. E i poliziotti hanno numeri protetti?

**Agostina:** Sì, certo, quelli di alto rango, come... l'ispettore Zamboni! Io no di certo!

*Lessico*

**aggiornare** to update
**fornire** to provide
**il rango** rank
**concedere** to grant, to allow
**il sequestro** kidnapping
**l'attentato** attack, aggression
**no di certo!** certainly not!

# 20. PADRE E FIGLIO

*L'ispettore Zamboni entra nell'ufficio di Agostina con un'aria molto preoccupata. Sono lì anche Ignazio e Luca.*

**Zamboni:** Cos'è questo? Che succede qui?

**Agostina:** A cosa si riferisce, capo?

**Zamboni:** Luca, stai bene? Ti sei cacciato nei guai?

**Ignazio:** Vi conoscete?

**Zamboni:** Se lo conosco?! Luca è mio figlio!

**Luca:** Non vi ricordate? Ve l'ho detto prima che mio padre è nella polizia. Non è successo niente, papà, sono qui per questo quadro.

**Zamboni:** Questo quadro? Lo hai dipinto tu?

**Luca:** Ahahah! Questo renderebbe tutto molto più semplice... No, questo quadro è apparso al Vittoriano. Chi lo avrebbe mai detto? Non ho studiato arte per andare a finire coinvolto in crimini e misteri e ora sono qui, nella stazione di polizia di mio padre, immischiato in un'investigazione...

*Lessico*

**cacciarsi nei guai** to get into trouble
**rendere** to make
**coinvolto** involved, implicated
**immischiato** to get mixed up in, to be involved

# 21. IL MAGAZZINO

*La detective Santoro e Ignazio vanno al magazzino di opere d'arte dove Luca ha prelevato il quadro. Si tratta di un grande deposito diviso in tanti piccoli spazi. All'ingresso li aspetta il proprietario del magazzino, il signore Cacace.*

**Agostina:** Signor Cacace? Buongiorno, sono la detective Santoro e questo è il detective Gallinari.

**Signor Cacace:** Buongiorno, detective.

**Agostina:** Come le abbiamo accennato al telefono, abbiamo alcune domande sul quadro che qualcuno ha conservato in questo deposito e che successivamente è stato ritirato dal personale del museo del Vittoriano.

**Signor Cacace:** Certo, sì, mi ricordo. Ho cercato nelle carte e la persona che lo ha portato qui ha lasciato solo un nome e un cognome... Vediamo... Si chiamava Pietro Martinelli.

**Ignazio:** Pietro Martinelli? Tutto qua?

**Signor Cacace:** Beh...sì.

**Ignazio:** Non ha lasciato nessun numero di identificazione? Dettagli di contatto? Un indirizzo? Un numero di telefono?

**Signor Cacace:** Da quello che vedo, no. Di solito quando pagano in anticipo non chiediamo troppe informazioni.

Inoltre, il ragazzo mi ha detto che quelli del Vittoriano sarebbero passati il giorno dopo e così è stato. Siamo abituati a lavorare con il museo senza aver mai avuto problemi.

**Agostina:** Capisco. Ricorda che aspetto avesse il ragazzo?

**Signor Cacace:** Certo che me lo ricordo!

---

*Lessico*

**deposito** storage, depository
**accennare** to mention, to hint at
**in anticipo** in advance
**l'aspetto** appearance, look

# 22. NORMALE

*La detective Santoro e Ignazio stanno facendo alcune domande al signor Cacace, il proprietario del deposito dove si trovava il misterioso dipinto prima che venisse portato al Vittoriano.*

**Ignazio:** Potrebbe descriverci il giovane nei minimi dettagli, signor Cacace?

**Signor Cacace:** Sì, lo ricordo molto bene: indossava un berretto rosso con visiera nera, sembrava nuovo. Portava degli occhiali scuri con montatura nera...aveva una felpa grigia e pantaloni di jeans.

**Agostina:** Signor Cacace, ricorda qualcos'altro sul ragazzo, oltre ai suoi vestiti? Il colore dei capelli o degli occhi? La sua età?

**Signor Cacace:** Ah, capisco. Beh, era un ragazzo... normale. Non ho visto i suoi capelli sotto il berretto né i suoi occhi, perché portava gli occhiali. Riguardo alla sua età, direi tra i venti e i trenta cinque anni? Non sono molto sicuro.

**Agostina:** Potrebbe dirci la sua statura?

**Signor Cacace:** Era...normale. Non molto alto, né molto basso: normale.

*Lessico*

**il berretto** baseball style cap
**la visiera** peak, visor
**la montatura** frame
**la felpa** sweatshirt
**la statura** height (of a person)

# 23. PITTURA FRESCA

*Il signor Cacace dà ad Agostina e Ignazio la chiave del magazzino dove il dipinto è stato conservato prima di essere trasportato al museo. La piccola stanza è un cubo, tipo tre metri per tre, completamente vuota, con una porta di metallo.*

**Ignazio:** Bene, ora dobbiamo solo trovare tutti quegli uomini tra i venti e i trentacinque anni chiamati Pietro Martinelli di Roma... Dall'aspetto normale: un gioco da ragazzi!

**Agostina:** Sono quasi certa che Pietro Martinelli non sia il vero nome della persona che ha portato il dipinto in questo magazzino.

**Ignazio:** Stavo scherzando, Santoro. È ovvio che si tratta di un nome falso. Ad ogni modo, se fosse il nome reale, non ci servirebbe a niente... Beh, sembra che questo magazzino sia vuoto.

**Agostina:** Non è vuoto, guarda!

**Ignazio:** Quello cos'è? Sangue?

**Agostina:** No, è pittura rossa, come quella del quadro. Sai cosa significa questo?

**Ignazio:** Significa che non so distinguere il sangue dalla pittura?

**Agostina:** No, significa che quel dipinto era ancora fresco quando lo hanno portato qui...

*Lessico*

**tipo** something like
**un gioco da ragazzi** a piece of cake
**beh** well, so
**la pittura** paint (color) *also:* painting (artistic technique/medium)

# 24. LA CHIAMATA
# DI ADRIANO

*La detective Santoro è di nuovo nel suo ufficio. Dalla sua sedia, guarda il quadro, appoggiato contro la parete. D'un tratto squilla il telefono.*

**Agostina:** Pronto!

**Adriano:** Buongiorno, detective Santoro. Mi chiamo Adriano.

**Agostina:** Ci conosciamo?

**Adriano:** No, non ci conosciamo, però spero ci incontreremo presto. Abbiamo amicizie in comune.

**Agostina:** Chi?

**Adriano:** Nina e Alice.

**Agostina:** Oh. Non mi hanno mai parlato di lei...

**Adriano:** Diamoci del tu.

**Agostina:** Va bene.

**Adriano:** La verità, Agostina, è che sia io che Nina e Alice apparteniamo a una società segreta. Sappiamo che possiamo fidarci di te, per questo te lo sto dicendo.

**Agostina:** Di che tipo di società segreta si tratta?

**Adriano:** Siamo una rete di investigatori, storici e archeologi che, a livello globale, lavoriamo per proteggere il mondo dell'arte, lottando contro il contrabbando, i furti, le falsificazioni... Ovviamente il tuo lavoro nello smascheramento di Pino Quercia ci ha molto colpiti.

**Agostina:** Grazie... posso sapere perché mi hai chiamata?

**Adriano:** Ho chiamato per il dipinto che hai di fronte a te in questo momento.

---

*Lessico*

**appoggiato (contro)** leaning (against)
**d'un tratto** suddenly
**fidarsi di** to trust someone
**lottare** to fight
**la falsificazione** fasification, forgery
**lo smascheramento** unmasking, exposure

# 25. QUELLO CHE SA ADRIANO

*La detective Santoro sta parlando al telefono con Adriano, un misterioso amico di Nina e Alice che dice di appartenere a una società segreta.*

**Agostina:** Come sai del dipinto?

**Adriano:** Nina mi ha raccontato tutto. Non ti preoccupare, ti ho contattato per offrirti il mio aiuto.

**Agostina:** Tu o la tua società segreta sapete qualcosa su questo quadro?

**Adriano:** No, e questo è quello che mi preoccupa. Di solito siamo al corrente di tutte le questioni misteriose che hanno a che fare con il mondo dell'arte prima che arrivino sulla scrivania di un qualsiasi poliziotto, però in questo caso sembrerebbe che quel quadro sia spuntato fuori di punto in bianco. Nina mi ha mandato una foto, non abbiamo saputo identificare l'artista. È qualcuno con un'ottima tecnica, però non è nessuno di conosciuto.

**Agostina:** Non offenderti, Adriano, ma quello che mi stai dicendo non mi è di nessun aiuto...

**Adriano:** Ahahah! Naturalmente. Siamo comunque riusciti a scoprire qualcosa.

**Agostina:** Che cosa siete riusciti a scoprire?

**Adriano:** Le persone e i luoghi nel dipinto... sono reali. E credo che la persona che ha dipinto il quadro stia cercando di dirci qualcosa.

---

*Lessico*

**essere al corrente** to be aware of, to know
**la questione** matter, issue
**spuntare** to appear, to pop up
**di punto in bianco** suddenly, from out of nowhere

# 26. CINQUE SCENE

*Dopo aver concluso la telefonata con Adriano, la detective Santoro chiama Ignazio nel suo ufficio. Mentre aspetta, osserva attentamente il caos delle centinaia di dettagli e personaggi nel dipinto.*

**Ignazio:** Che succede? Ci sono novità?

**Agostina:** Ignazio, per quanti anni hai fatto pattugliamento per le vie di Roma?

**Ignazio:** Quasi cinque anni... però preferisco l'ufficio, sinceramente.

**Agostina:** Bene, fatti un caffè e rinfrescati memoria, perché è arrivato il momento di mettere a frutto quei cinque anni di esperienza per strada.

**Ignazio:** A cosa ti riferisci?

**Agostina:** Vedi il quadro? Vedi che ci sono cinque scene distinte in cinque posti diversi?

**Ignazio:** Sì, certo, e in ciascuna scena c'è un sacco di gente.

**Agostina:** Però, se fai attenzione ai dettagli, puoi vedere quello che sta succedendo. Guarda qui, vedi questa persona che cos'ha in mano?

**Ignazio:** È un'arma?

**Agostina:** Esatto! Ignazio, spero di sbagliarmi, però credo che questo quadro ci stia mostrando cinque crimini diversi... in cinque diverse zone di Roma.

---

*Lessico*

**pattugliamento** patrol
**sinceramente** frankly, honestly
**mettere a frutto** to take advantage of, make the most of
**un sacco di** a lot of
**l'arma** weapon
**sbagliarsi** to be wrong

# 27. L'ANALISI
# DEL DIPINTO

*Nel suo ufficio, Agostina analizza il dipinto insieme a Ignazio. Usano una lente d'ingrandimento per vedere meglio i dettagli.*

**Ignazio:** Che cosa stiamo cercando di preciso?

**Agostina:** Dobbiamo scoprire qualcosa che ci indichi luogo, data e ora. Se ho ragione, questo quadro rappresenta cinque crimini in luoghi diversi di Roma.

**Ignazio:** OK, va bene... Qui, qui c'è qualcosa che riconosco! Questa scultura la riconoscerei ovunque, con la figura nuda e il cavallo. La posa è così riconoscibile, si tratta della fontana dei Dioscuri. Può essere solo in un posto...

**Agostina:** Che posto?

**Ignazio:** Questa è la piazza del Quirinale, che mi prenda un accidente se mi sbaglio!

---

*Lessico*

**la lente d'ingrandimento** magnifying glass
**riconoscibile** recognizable
**che mi prenda un accidente** may lightning strike me

# 28. PIAZZA DEL QUIRINALE

*Ignazio ha appena identificato il sito rappresentato in una delle scene del quadro. Si tratta di Piazza del Quirinale a Roma. Adesso lui e la detective Santoro cercano di scoprire se effettivamente è stato commesso un crimine.*

**Agostina:** Ottimo lavoro! Vedi qualcuno di sospetto in questa rappresentazione?

**Ignazio:** È come cercare un ago in un pagliaio! Comunque... la piazza è davvero così quando ci sono tanti turisti. Vediamo, questo non ha l'aria sospetta, però ha un giornale in tasca, e credo di poter vedere la data... 12 settembre!

**Agostina:** Il giorno del mio compleanno!

**Ignazio:** È oggi! L'ora dovrebbe essere visibile sulla torre dell'orologio, dammi la lente d'ingrandimento!

**Agostina:** Vedi qualcosa?

**Ignazio:** Sì, è piccolo ma sembra chiaro: l'orologio segna le due e mezza del pomeriggio.

**Agostina:** Bene, non ci resta che scoprire il crimine.

**effettivamente** actually, indeed
**commesso** committed
**cercare un ago in un pagliaio** looking for a needle in a haystack
**segnare** to mark (time)
**non ci resta che...** all we can do is...

# 29. DA DOVE ARRIVANO I TRE UOMINI COL PASSAMONTAGNA?

*Agostina e Ignazio identificano luogo, data e ora della prima scena rappresentata nel quadro misterioso che è comparso al Vittoriano, attraverso il quale credono che qualcuno stia cercando di avvertirli di un crimine che avverrà nella città.*

**Ignazio:** Quasi tutte le figure sono vestite come se facesse caldo, non trovi?

**Agostina:** Sì, sembra proprio così. Perché dici così?

**Ignazio:** Beh, non vedo nessun'arma, però questi tre uomini hanno un passamontagna. Sembra sospetto, non ti pare?

**Agostina:** Molto sospetto!

**Ignazio:** Sembra che stiano per entrare in questo locale. Cos'è?

**Agostina:** Mi sembra che quelli in vetrina siano dei libri, no? Però perché rapinerebbero una libreria?

**Ignazio:** Non è una libreria! Conosco quel posto...

## Lessico

**avvenire** to happen, to take place
**il passamontagna** balaclava, ski mask
**il locale** place, space (often a bar or a pub)
**non ti pare?** don't you think?
**rapinare** to rob

# 30. CONVINCERE
# L'ISPETTORE ZAMBONI

*La detective Santoro e Ignazio vanno a parlare con l'ispettore Zamboni per informarlo di quello che hanno scoperto. Lo trovano nel suo ufficio, sta pranzando.*

**Agostina:** Ispettore! Abbiamo qualcosa di urgente.

**Zamboni:** Che è successo?

**Agostina:** Pensiamo che ci sarà una rapina alle due e mezza in Piazza del Quirinale.

**Zamboni:** Una rapina? Dove?

**Ignazio:** Crediamo che il bersaglio sia Mancini e Figli, il negozio di filatelia più importante della città.

**Zamboni:** Filatelia?

**Ignazio:** Sigilli, francobolli, monete antiche.

**Zamboni:** E voi questo come lo sapete? Avete un informatore?

**Ignazio:** No, è nel qua...

**Agostina:** Certo che abbiamo un informatore! Un informatore anonimo.

**Zamboni:** Chi è?

**Agostina:** Non lo sappiamo! Ancora non lo sappiamo. Ha chiamato al telefono... per favore, ispettore, dobbiamo inviare una pattuglia, manca meno di un'ora!

**Zamboni:** Non mi sembra molto attendibile se l'informatore è anonimo...

**Agostina:** Per favore, signore... È il mio compleanno!

---

*Lessico*

**la rapina** armed robbery
**il bersaglio** target
**la filatelia** stamp collecting, philately
**il sigillo** seal
**il francobollo** stamp
**la pattuglia** patrol, squad
**attendibile** reliable, trustworthy

# 31. PIAZZA DEL QUIRINALE

*Grazie all'insistenza della detective Santoro, l'ispettore Zamboni dà l'autorizzazione di andare alla Piazza del Quirinale con una pattuglia di rinforzo. Agostina si dirige laggiù insieme ad Ignazio il più in fretta possibile. Nella piazza, i quattro poliziotti della pattuglia la stanno aspettando.*

**Ignazio:** Quanta gente c'è oggi in piazza! Guarda, quello è il negozio Mancini e Figli. È un bel negozio storico, non trovi?

**Agostina:** Sì, si vede che hanno oggetti di valore. Vedi la squadra di rinforzo da qualche parte?

**Ignazio:** Sì, credo che siano quelli lì.

**Capitano Ramelli** Detective Santoro? Sono l'ufficiale Ramelli, questa è la mia squadra. Mi hanno informato dalla stazione che pensate potrà avvenire una rapina in questa piazza.

**Agostina:** È così, ufficiale. Più precisamente, dovrebbe essere nel negozio Mancini e Figli alle due e mezza.

**Capitano Ramelli** Perfetto, qual è il piano?

**Agostina:** Siccome voi siete in uniforme, credo che sia meglio che rimaniate nelle vicinanze pronti per entrare in azione alla mia chiamata, ma non rimanete in vista. Il detective Gallinari ed io sorveglieremo l'ingresso.

**Capitano Ramelli** Capito! Tutto chiaro per tutti?

**Ufficiali:** Tutto chiaro, capitano!

---

*Lessico*

**il rinforzo** backing, support
**in fretta** quickly, rapidly
**il piano** the plan
**sorvegliare** to guard, to monitor

# 32. IL TENTATIVO
# DI RAPINA

*Agostina e Ignazio si confondono tra la folla della piazza, rimanendo però nelle vicinanze dell'ingresso del negozio di antichità, francobolli e numismatica, Mancini e Figli. Si fingono dei turisti, fanno foto e ammirano le facciate architettoniche che danno sulla piazza. Quando è quasi ora, Ignazio si avvicina alla detective Santoro e, mentre finge di farsi un selfie, le sussurra qualcosa all'orecchio.*

**Ignazio:** Credo di vederli. Vedi quei tre uomini? Sono molto coperti e mi sembra di vedere un passamontagna nella tasca di uno di loro.

**Agostina:** Ti riferisci a quel tipo che ha un braccialetto rosso?

**Ignazio:** Esatto. Stanno guardando la vetrina di Mancini e Figli. Avvisa il capitano Ramelli.

**Agostina [con il walkie-talkie]:** Capitano, mi sente?

**Capitano Ramelli [con il walkie-talkie]:** La sento.

**Agostina [con il walkie-talkie]:** Crediamo di averli identificati, preparatevi per entrare in azione.

**Ignazio:** Guarda! Indossano i passamontagna, stanno per entrare!

**Agostina:** MANI IN ALTO!

*Lessico*

**confondersi** to blend in
**la folla** crowd
**la numismatica** coin collecting, numismatics
**fingersi** to pretend to be
**sussurrare** to whisper, murmur
**la tasca** pocket

# 33. L'ARRESTO

*Quando i tre ladri indossano i passamontagna e tirano fuori le armi per rapinare il negozio di francobolli e monete antiche, la detective Santoro impugna la pistola e li ferma. Immediatamente si avvicinano gli altri ufficiali della squadra di rinforzo e immobilizzano a terra i tre criminali.*

**Ladro 1:** Ma che...? Non dovevate essere qui!

**Ladro 2:** Zitto! Chiudi il becco!

**Ladro 1:** Non lo vedi? Ci hanno tradito! Non avrebbero dovuto trovarsi qui.

**Ladro 2:** Chiudi quella boccaccia!

**Agostina:** Stavate solo facendo una passeggiata per la piazza con passamontagna e tre armi semiautomatiche, vero?

**Ladro 2:** Non parliamo senza un avvocato.

**Agostina:** Nessun problema. Capitano Ramelli, li porti alla stazione di polizia.

**Capitano Ramelli** Subito, detective.

*Lessico*

**impugnare** to hold, to grasp
**zitto** shut up!
**chiudi il becco** shut your mouth
**tradire** to betray
**chiudi quella boccaccia** shut your cakehole

# 34. IL SIGNOR MANCINI

*Dopo aver assistito al trambusto davanti alla porta del suo negozio, il proprietario, il signor Mancini, esce a vedere l'arresto e ringrazia di persona la detective Santoro.*

**Signor Mancini:** Quegli uomini stavano per rapinare il mio negozio?

**Agostina:** Proprio così, signore. Fortunatamente siamo riusciti ad arrestarli in tempo. Ha qualcosa di particolare valore in negozio?

**Signor Mancini:** Certo, moltissimi pezzi sono di valore, ma non è certo un caso che vengano a rubare proprio oggi.

**Agostina:** A cosa si riferisce, signor Mancini?

**Signor Mancini:** Oggi è arrivato nel mio negozio uno degli oggetti più preziosi che abbiamo mai avuto, l'unico esemplare di 1 centesimo magenta della Guiana britannica.

**Agostina:** E che cos'è?

**Signor Mancini:** Che cos'è?! È uno dei tre francobolli più preziosi al mondo. Unico nel suo tipo. Il collezionista che lo possedeva è morto e i suoi figli l'hanno messo in vendita. Sarà messo all'asta nella nostra Casa d'aste tra una settimana.

**Ignazio:** Solo per curiosità, signor Mancini. Qual è il valore del francobollo?

**Signor Mancini:** Beh, il prezzo della base d'asta inizierà da cinque.

**Agostina:** Cinque mila euro per un francobollo?!

**Signor Mancini:** Ahaha, signora mia, non mi faccia ridere! Certo che no! Cinque... milioni!

---

*Lessico*

**assistere** to witness
**il trambusto** confusion, hustle
**l'arresto** capture, arrest
**l'esemplare** specimen
**nel suo tipo** in its kind
**mettere all'asta** to auction
**il valore** worth, value
**la base d'asta** auction starting price

# 35. IL RITORNO ALLA STAZIONE

*Dopo aver assicurato al signor Mancini che la sua attività verrà piantonata fino al momento dell'asta, Agostina e Ignazio tornano alla stazione di polizia. Per strada, i due discutono sul caso.*

**Agostina:** Così quel dipinto dice la verità.

**Ignazio:** È una cosa incredibile. Pensi che ci aiuterà a prevenire altri crimini?

**Agostina:** Sì, penso proprio di sì. Però il mistero più grande continua ad essere un altro...

**Ignazio:** Pensi a chi ha dipinto il quadro?

**Agostina:** Non esattamente. Quello che mi interessa di più non è sapere chi ha dipinto il quadro, ma come faceva a sapere che ci sarebbe stato un crimine.

**Ignazio:** Pensi che possa essere un criminale pentito? Una specie di criminale che ha scoperto di avere il bernoccolo per la pittura?

**Agostina:** Qualcosa del genere... È possibile. Senza dubbio si tratta di qualcuno che ha accesso alle informazioni.

**Ignazio:** E che ha scelto di *darci* queste informazioni o almeno di *appenderle* in un museo.

**Agostina:** E proprio questo è il mistero più grande di tutti: Perché lo avrebbe fatto sotto forma di un dipinto?

---

*Lessico*

**piantonare** to guard, to watch over
**la verità** truth
**proprio** really
**avere il bernoccolo** predisposition, talent
**la pittura** painting technique (artistic medium)

# 36. LA STANZA DEGLI INTERROGATORI

*L'ispettore Zamboni sta facendo il terzo grado ai tre rapinatori in una stanza degli interrogatori. L'ufficiale Perilli è in piedi vicino alla porta. La detective Santoro e Ignazio si avvicinano per partecipare all'interrogatorio.*

**Agostina:** Buongiorno, ufficiale Perilli. Possiamo passare?

**Perilli:** L'ispettore Zamboni ha dato ordine che non entri nessuno per il momento.

**Ignazio:** Strano! ...Ah, eccolo, sta uscendo.

**Zamboni:** Non sono riuscito a cavarne molto.

**Agostina:** Vorremmo fare alcune domande ai tre rapinatori.

**Zamboni:** Li ho già interrogati, Santoro, non parlano, non sappiamo neppure i loro nomi.

**Agostina:** Con tutto il rispetto, capo, vorrei fargli alcune domande...

**Zamboni:** Mmm... Va bene, Santoro, però è l'ultimo favore che ti concedo per il tuo compleanno.

**Agostina:** Grazie, capo. Mi serviranno solo cinque minuti, lo prometto.

*Lessico*

**fare il terzo grado** grilling, interrogation
**eccolo** here he is
**non cavarne** get nowhere
**neppure** not even

# 37. L'INTERROGATORIO

*Nella stanza degli interrogatori, i tre rapinatori sono seduti uno accanto all'altro. Ignazio entra dietro alla detective Santoro e chiude la porta.*

**Ladro 1:** Non dovrebbe esserci uno specchio qui, da dove ci osservano e ci ascoltano dalla stanza di fianco?

**Ladro 2:** Chiudi la bocca!

**Ignazio:** Perché tutti ci fanno la stessa domanda? Questo non è un film di Hollywood!

**Agostina:** Nessuno sta ascoltano quello che diciamo. Questa è una stanza normale.

**Ladro 1:** Ma allora, ci dovete interrogare di nuovo?

**Agostina:** Ehi, le domande qui le facciamo noi, anche se in realtà non voglio chiedervi niente, voglio invece raccontarvi qualcosa... Ho il sospetto che ci sia un informatore, una talpa, all'interno del vostro gruppo di amici.

**Ladro 1:** Lo sapevo!

**Ladro 2:** Ti ha dato di volta il cervello?! Non dobbiamo dire niente, ancora non ti è chiaro?

**Ladro 1:** Chi è la spia?

**Agostina:** Non ne sono sicura, ma potrebbe essere qualcuno a cui piace la pittura.

**Ladro 3:** La pittura? Qualcuno che pittura case?

**Agostina:** No, la pittura, i quadri, l'arte, vi dice niente?

---

*Lessico*

**accanto** next to, across
**di fianco** adjacent, next to
**la talpa** secret informer
**ti ha dato di volta il cervello?!** have you lost your mind?!
**la pittura** painting (artistic technique)
**pitturare** to paint (usually houses or walls)

# 38. AIUTO

*Dopo aver lasciato la stanza degli interrogatori, Ignazio e Agostina ritornano nell'ufficio di Agostina, dove si trova il dipinto.*

**Agostina:** Allora, aver menzionato la pittura non ha suscitato in loro alcuna reazione.

**Ignazio:** Non credo che abbiano mai messo piede in un museo in vita loro.

**Agostina:** A quanto pare questo non lo ha dipinto nessuno della banda... Siamo ancora molto lontani dallo scoprire chi sia l'autore del quadro. In ogni caso, prima di tutto dobbiamo cercare di prevenire tutti i possibili crimini del quadro, e poi potremo preoccuparci anche di questo.

**Ignazio:** OK, riprendiamo la lente d'ingrandimento.

**Agostina:** Sì, però sarà meglio se lo facciamo con un aiuto...

**Ignazio:** Hai deciso di dire tutto sul quadro all'ispettore Zamboni, alla fine?

**Agostina:** No, credo che sia meglio lasciarlo fuori da tutto questo, oggi si comporta in maniera alquanto strana. Chiamo Nina, lei ne sa di arte molto di più noi due, non credi?

*Lessico*

**suscitare** cause, raise
**la banda** mob, gang (*also:* band)
**comportarsi** to behave
**maniera** manner, way
**alquanto** rather

# 39. ZAMBONI BUSSA
# ALLA PORTA

*Agostina e Ignazio, con l'aiuto di Nina, provano a identificare i siti e gli orari degli altri quattro crimini rappresentati nel quadro misterioso. Nina annota tutto su un quaderno man mano che scoprono gli indizi e le tracce negli elementi dipinti nel quadro.*

**Nina:** Dunque, abbiamo uno strano pacco che arriverà alla stazione dei treni Tiburtina alle quattro del pomeriggio, una rapina a una gioielleria a Porta Portese alle cinque e mezza...

**Agostina:** E una vendita di droga allo stadio Olimpico alle sette di sera. Per quanto riguarda la quinta scena... Non riesco a decifrare quello che succede.

**Ignazio:** Quelle persone sembrano avere un'aria preoccupata, ma non sembrano criminali.

**Agostina:** E c'è una casa con una finestra aperta, però non si vede niente dentro.

**Zamboni:** Toc, toc. Buon pomeriggio.

**Agostina:** Capo, cosa possiamo fare per lei?

**Zamboni:** Ho una domanda... ma che state facendo?

**Ignazio:** Stiamo cercando di decifrare...

**Agostina:** Pensiamo che forse si tratti di un falso, per questo Nina ci sta aiutando ad analizzare il quadro.

**Zamboni:** Va bene... Vorrei sapere una cosa, siete riusciti a scoprire qualcosa su quell'informatore che vi ha dato la soffiata sul furto al negozio di filatelia?

**Agostina:** No... Sì, ha chiamato da un telefono pubblico al centro. Impossibile localizzarlo.

**Zamboni:** Va bene, avvisatemi se chiama di nuovo o se scoprite qualcosa di nuovo.

**Agostina:** Agli ordini, capo.

---

*Lessico*

**man mano** little by little, gradually
**avere un'aria** appearance, to look
**la soffiata** tip-off

# 40. IL QUINTO CRIMINE

*Quando Zamboni esce dall'ufficio la detective Santoro, Ignazio e Nina tornano a occuparsi di decifrare il quinto crimine rappresentato nel quadro.*

**Ignazio:** Dunque, abbiamo una finestra aperta, un gruppo di persone molto preoccupate, ce n'è una che sta piangendo!

**Nina:** E cosa c'è dentro a questa macchina? Si vede l'ora sul cruscotto, indica le 20:30. C'è una sola persona nell'auto.

**Ignazio:** Come fai a dire che c'è solo una persona?

**Nina:** Non lo vedi? C'è solo il conducente.

**Ignazio:** Potrebbe esserci qualcun altro, magari dentro al bagagliaio...

**Agostina:** Ignazio, hai ragione! Guarda, c'è un orsetto di peluche appeso al portellone del bagagliaio.

**Nina:** Vuoi dire che...

**Agostina:** Sì, si tratta di un sequestro! La finestra aperta è della stanza di un bambino, le persone preoccupate sono persone della famiglia, che hanno appena saputo della scomparsa. Maledizione! Devo fare una telefonata urgente!

**Ignazio:** A chi?

**Agostina:** A Nadia, la babysitter di Matteo. Oggi tornerò a casa molto tardi...

---

*Lessico*

**occuparsi di** to take care of, to deal with
**il cruscotto** dashboard
**il conducente** driver
**il bagagliaio** trunk, boot
**orsetto di peluche** teddy bear
**portellone** hatch-back door
**il sequestro** kidnapping
**maledizione!** damn it

# 41. LA STRATEGIA

*Agostina, Ignazio e Nina devono stabilire un piano su come fare a prevenire i crimini rappresentati nel quadro.*

**Ignazio:** Allora, dovremo parlare con Zamboni, non credi? In questo modo potremo assegnare una pattuglia a ciascun caso.

**Agostina:** In realtà... Mi crederai pazza, ma penso che non dovremmo dire niente a Zamboni. Si sta comportando in modo strano. Inoltre, meno gente è al corrente della situazione, più è probabile che anche i criminali non vengano a sapere nulla.

**Ignazio:** Non credo affatto che tu sia pazza, in realtà, sono d'accordo con te. Bene, allora facciamo tutto noi due.

**Nina:** Ehi, anch'io posso dare una mano!

**Agostina:** Nina, potrebbe essere pericoloso.

**Nina:** Anche quella volta che abbiamo risolto il furto dei disegni di Luca Giordano era un caso pericoloso. Quell'uomo aveva un'arma, ricordi?

**Agostina:** Hai ragione, ma sei sicura di volerti esporre di nuovo?

**Nina:** Non mi succederà nulla. Rimarrò semplicemente nelle vicinanze, nel caso doveste aver bisogno del mio aiuto.

**Agostina:** Va bene. I due prossimi crimini dovrebbero avvenire tra poco e in due orari molto vicini tra loro, per cui dovremo dividerci. Io e Nina andremo alla stazione dei treni Tiburtina per vedere se troviamo quel pacchetto sospetto che dovrebbe arrivare alle quattro, mentre tu Ignazio andrai alla gioielleria per la rapina delle cinque e mezza. Ignazio, prova a ottenere l'aiuto della pattuglia locale e.... fa' attenzione!

---

*Lessico*

**stabilire** decide upon, establish
**risolto** solved
**il caso** case
**esporre** expose, subject

# 42. STAZIONE TIBURTINA

*Nella grande e affollata stazione dei treni Tiburtina, Agostina e Nina controllano il tabellone degli arrivi per vedere su quale binario arriverà il treno da Bologna delle quattro.*

**Nina:** Eccolo là, il tabellone dice che arriverà al binario undici!

**Agostina:** È all'altra parte della stazione, dobbiamo correre!

**Nina:** Andiamo!

**Agostina:** Vado a parlare con gli addetti alla sicurezza perché facciano un controllo bagagli.

**Nina:** Dobbiamo sbrigarci, il treno arriva tra cinque minuti. Guarda, lì c'è un responsabile della sicurezza.

**Agostina:** Salve, sono la detective Santoro, della polizia.

**Responsabile della sicurezza:** Salve, detective, come posso aiutarla?

**Agostina:** Abbiamo motivo di credere che sul treno che proviene da Bologna arriverà un pacchetto con sostanze illegali. É possibile eseguire un controllo bagagli d'emergenza?

**Responsabile della sicurezza:** Beh, di solito non effettuiamo controlli di sicurezza senza preavviso, però date le circostanze metterò a disposizione tutta la mia squadra.

**Agostina:** Grazie mille.

---

*Lessico*

**lo schermo** screen
**il binario** platform
**gli addetti alla sicurezza** security officer
**i bagagli** luggage
**sbrigarsi** to hurry up
**mettere a disposizione** put at somebody's disposal

# 43. IL CONTROLLO BAGAGLI

*La squadra di sicurezza della stazione dei treni Tiburtina ha dato il via a un controllo bagagli eccezionale. All'arrivo in stazione del treno da Bologna, tutti i passeggeri vengono invitati a mettersi in fila e a mostrare il contenuto dei loro bagagli, uno per uno. Gli addetti alla sicurezza non trovano nulla di strano, finché una donna con un foulard rosso in testa non apre la sua borsa...*

**Responsabile della sicurezza:** Qui abbiamo qualcosa! È un pacco con della polvere bianca.

**Agostina:** Andiamo a vedere...cosa c'è in questo pacco?

**Responsabile della sicurezza:** Signora, che cosa c'è nel pacco?

**Donna con foulard rosso:** Non è niente, è saccarina.

**Agostina:** Saccarina? Questa non è saccarina... però non sembra nemmeno essere droga... Ha un'etichetta, però in cinese. Ufficiale, qualcuno della sua squadra parla cinese?

**Responsabile della sicurezza:** No, però uno dei dipendenti del negozio di tabacchi è cinese, è il mio amico An. Lo faccio venire qui subito.

*Lessico*

**dare il via** to give the green light, to start
**finché** until
**la polvere** dust
**l'etichetta** label

# 44. LA SOSTANZA
# MISTERIOSA

*L'ufficiale dopo pochi minuti torna con An, il suo amico cinese che lavora in una delle tabaccherie della stazione Tiburtina. La donna con il foulard rosso sembra molto nervosa. An saluta la detective Santoro e Nina, e legge l'etichetta dello strano pacchetto e... inorridisce!*

**An:** Non ci posso credere! È una cosa orribile!

**Agostina:** Cosa dice l'etichetta?

**An:** Dice "corno di rinoceronte nero".

**Agostina:** Cosa? La specie di rinoceronte che si è estinta un paio di mesi fa perché venivano cacciati e uccisi per le loro corna?

**An:** Esatto... È una cosa terribile! Deve valere una fortuna... però la cosa peggiore è che sia dovuto morire un animale in estinzione. Nella medicina cinese si crede che il corno di rinoceronte abbia proprietà curative. È agghiacciante pensare che ammazzino gli animali per questo.

**Donna con foulard rosso:** Io non ne sapevo niente! Me lo ha dato un amico... Mi ha detto che era saccarina. Dovevo consegnarlo a un suo amico qui a Roma.

**Agostina:** Risparmi la sua storia per l'interrogatorio. Questa è una sostanza illegale ed è molto probabile che lei finisca in carcere... Grazie per il tuo aiuto, An.

**An:** Non c'è di che, detective.

---

*Lessico*

**inorridire** to be horrified
**il corno** horn
**curativo** healing, therapeutic
**agghiacciante** dreadful, frightful
**ammazzare** slay, murder
**il carcere** jail
**non c'è di che** you're welcome

# 45. LA RAPINA ALLA GIOIELLERIA

*Quando Agostina e Nina lasciano la stazione Tiburtina per portare la donna con il foulard rosso al commissariato, durante il tragitto telefonano a Ignazio per ricevere aggiornamenti sulla rapina alla gioielleria.*

**Agostina:** Ignazio, com'è andata?

**Ignazio:** Bene, abbiamo preso i ladri e li stiamo portando al commissariato. Anche se...

**Agostina:** Cosa? Che è successo?

**Ignazio:** Beh, mi ci è voluto un po' per convincere la pattuglia locale ad aiutarmi. All'inizio dicevano che la gioielleria non era in una delle strade che avrebbero dovuto pattugliare oggi... Finché non li ho minacciati che nel caso di rapina in quella gioielleria li avremmo ritenuti direttamente responsabili. Solo così hanno cominciato a collaborare.

**Agostina:** Ottimo lavoro, anche se... sì, è molto strano. Sai cosa? Forse è meglio non potare i rapinatori al commissariato. Portali alla stazione di polizia di quartiere. Che ne pensi?

**Ignazio:** Sono d'accordo. Farò così.

**Agostina:** E dopo vieni direttamente a Porta Portese: dobbiamo fermare quella vendita di droga.

## Lessico

**il tragitto** route, way
**ci è voluto (volerci)** it took
**pattugliare** to patrol
**minacciare** to threat, to intimidate
**ritenere** to consider, to believe
**il quartiere** district

# 46. LA VENDITA DI DROGA

*Agostina e Nina sono nell'auto di Agostina. Da lontano osservano Ignazio parcheggiato ad un angolo, al buio. Sono vicini allo Stadio Olimpico per impedire uno spaccio di stupefacenti.*

**Nina:** Non capisco, cosa sta facendo Ignazio?

**Agostina:** Non fa nulla.

**Nina:** Nulla?

**Agostina:** Esatto. In questi casi la cosa migliore da fare è andare nel posto dove si sospetta che ci sia qualche spacciatore e fermarsi lì ad aspettare. Prima o poi lo spacciatore si avvicina e ti offre qualcosa, soprattutto se sei un ragazzo giovane: i giovani sono il loro target principale.

**Nina:** È terribile.

**Agostina:** Davvero! La droga è terribile di per sé, ma anche le sostanze usate per tagliare la droga e aumentarne il volume lo sono. Tanti giovani muoiono ogni giorno per questo... Guarda, gli si sta avvicinando qualcuno!

**Nina:** Sta parlando con Ignazio.

**Agostina:** Guarda con attenzione quello che fa Ignazio quando l'uomo gli da la mano per passargli la roba.

**Nina:** L'ha ammanettato! E con che velocità l'ha fatto!

**Agostina:** Ignazio è il più veloce di tutti con quelle manette! Rimani qui. Vado ad aiutarlo.

---

*Lessico*

**il buio** darkness
**lo spaccio di stupefacenti** drug traffiking
**di per sé** in itself
**aumentare** increase
**la roba** dope, drugs *(slang)*
**ammanettare** handcuff
**le manette** cuffs

# 47. IL SEQUESTRO

*Agostina, Ignazio e Nina hanno già impedito quattro dei cinque crimini rappresentati nel quadro misterioso che è comparso al Vittoriano. Manca solo l'ultimo. Pensano che potrebbe trattarsi di un sequestro, alle otto e mezza di sera, però non hanno ancora scoperto l'indirizzo esatto. Hanno identificato soltanto che avverrà nel quartiere Ostiense. Decidono di girare per le vie del quartiere per riuscire a riconoscere la casa nel quadro.*

**Agostina:** Sono le otto e venticinque. Mi sto preoccupando. Voi vedete qualcosa?

**Ignazio:** Niente. La cosa positiva è che individueremo subito la macchina, perché qui è una ZTL.

**Ignazio:** Quella è una scala?

**Agostina:** Sì! Che ci fa quella scala contro il muro di quella casa? La finestra è aperta! Scendiamo, andiamo a suonare il campanello.

**Nina:** Va bene, io vengo con te... Guardate, laggiù c'è un'auto che sta sfrecciando via!

**Ignazio:** Rimanete qui! Io mi metto a inseguirla!

*Lessico*

**impedire** to forbid, to prevent
**soltanto** only
**ZTL (Zona a Traffico Limitato)** controlled traffic zone
**la scala** ladder
**sfrecciare** to dart, to speed
**inseguire** to chase

# 48. L'URLO

*Nel momento in cui Ignazio parte all'inseguimento dell'auto, si sente un grido provenire dalla casa con la finestra aperta. Pochi istanti dopo, si vede una donna affacciarsi dalla finestra aperta e poi correre giù in strada disperata.*

**Donna:** Mia figlia! Mia figlia! Dov'è mia figlia? Perché c'è una scala accanto alla sua finestra?

**Agostina:** Signora, siamo della polizia. Sono la detective Santoro. Ci siamo fermati qui perché abbiamo visto la scala. Il mio collega sta inseguendo un'auto che è appena andata via da qui. Dobbiamo aspettare.

**Donna:** Oh no! La mia bambina...

**Agostina:** Signora, spero che non le dispiaccia se intanto le faccio qualche domanda. È possibile che l'abbiano sequestrata? Siete una famiglia ricca, o avete nemici?

**Donna:** Nemici no, però siamo abbastanza facoltosi. Molte persone ne sono al corrente perché ho un lavoro di alto profilo... Sono la presidentessa di un'importante azienda di tecnologia.

**Agostina:** Va bene, signora. Faremo tutto il possibile per ritrovare sua figlia. Ecco, il mio collega sta tornando dall'inseguimento.

### Lessico

**l'insegumento** chase
**il grido** scream
**affacciarsi** to look out the window
**intanto** in the meantime
**i nemici** enemies
**facoltoso** well-off, wealthy
**essere al corrente** to know, to be aware of something

# 49. IL RITORNO
# DI IGNAZIO

*Ignazio ritorna verso la casa dove è avvenuto il sequestro. Tuttavia, è da solo.*

**Ignazio:** Agostina! Dobbiamo avvisare la centrale. Mi hanno seminato. Li ho inseguiti, ma non sono riuscito a beccarli: mi hanno distanziato, andavano velocissimi e li ho persi di vista.

**Donna:** Nooo! Mia figlia!

**Ignazio:** Mi dispiace, signora. Ma le assicuro che ritroveremo sua figlia. Sono riuscito a memorizzare la targa dell'auto, oltre al modello e al colore. Probabilmente si tratta di un'auto rubata ma è pur sempre un inizio.

**Donna:** Vi prego, ritrovate la mia bambina!

**Agostina:** Lo faremo. Nina, rimani con la signora. Vado in macchina a chiedere rinforzi.

---

*Lessico*

**seminare** to lose, to leave behind *(slang)*
**beccare** to catch
**perdere di vista** to lose sight of
**la targa** license plate

# 50. AL COMMISSARIATO

*Dopo aver chiamato dei rinforzi a casa della donna, Agostina, Ignazio e Nina tornano alla stazione centrale, su espressa richiesta di Zamboni. Quando Agostina entra nel suo ufficio, Zamboni è lì che l'aspetta. Sembra furente.*

**Zamboni:** Una rapina a una gioielleria? Un pacchetto sospetto a Tiburtina? Una vendita di droga? Un sequestro! Avete agito tutto il giorno alle mie spalle. Mi volete dire cosa sta succedendo?

**Agostina:** Ci dispiace, signore, abbiamo ricevuto altre soffiate dall'informatore anonimo e abbiamo deciso di agire in segreto perché sospettiamo di qualcuno in questa stazione di polizia. Ci scusiamo per averla tenuta all'oscuro.

**Zamboni:** Ascolta, Santoro, *devo* sapere chi è questo informatore.

**Agostina:** Non lo sappiamo! Davvero, signore. È un informatore completamente anonimo.

**Zamboni:** E non sono stati in grado di tracciare le sue chiamate? Chiaramente si tratta di un criminale, un boss mafioso o qualcuno immischiato in affari molto sporchi per poter essere al corrente di tutti i crimini di Roma.

**Agostina:** È che... non abbiamo tracciato le sue chiamate perché... beh, non ha mai chiamato.

**furente** livid, furious
**alle spalle** behind somebody's back
**tenere all'oscuro** to keep somebody in the dark about something
**tracciare** to track

# 51. LA VISITA
# INASPETTATA

*Zamboni e Agostina stanno discutendo sull'informatore anonimo che li ha avvisati dei crimini, quando qualcuno arriva nell'ufficio di Agostina.*

**Matteo:** Mamma!

**Agostina:** Tesoro! Che bella sorpresa! Che ci fai qui? Eri a fare una passeggiata con Nadia?

**Nadia:** Ciao, Agostina. Stavamo tornando dal cinema ed eravamo di passaggio, e Matteo mi ha chiesto di salire un attimo a salutarti, spero che non sia un problema.

**Agostina:** Certo che no. In ogni caso, stavo quasi per tornare a casa, sono già le nove passate! Che te ne pare se andiamo a mangiare qualcosa e poi dritti a letto, tesoro?

**Matteo:** Sì, sì, mamma!

**Agostina:** Puoi andare a casa, Nadia. Me ne occupo io.

**Nadia:** Va bene, a domani!

**Matteo:** Ciao, Nadia! Ti voglio bene!

**Nadia:** Anch'io!

**Matteo:** Cos'è questo quadro, mamma? È molto bello...

**Agostina:** Puoi rimanere qui a guardarlo, se vuoi, mentre io finisco di parlare con il capo.

---

*Lessico*

**essere di passaggio** be passing by
**un attimo** a moment
**che te ne pare** what do you think
**me ne occupo io** I'll take care of it

# 52. ZAMBONI CAPISCE

*Mentre Matteo osserva il quadro, Zamboni e la detective Santoro concludono la discussione sui casi del giorno.*

**Agostina:** Va bene, Zamboni. Come procedono le ricerche della squadra antisequestro?

**Zamboni:** Lavoreranno sodo tutta la notte, però dubito che sapremo qualcosa sul sequestro prima di domani mattina. Sono già riusciti a identificare l'auto che Ignazio ha inseguito: rubata, naturalmente.

**Agostina:** Me l'immaginavo! Va bene, ci vediamo domani allora.

**Zamboni:** Non credere che mi sia dimenticato della questione dell'informatore, Santoro.

**Agostina:** Sì, capo, lo so.

**Matteo:** Mamma, assomiglia ai miei libri di "Dov'è Wally?"

**Agostina:** Sì, tesoro, proprio così.

**Matteo:** Hai già trovato tutti i cattivi nel quadro?

**Agostina:** Ehm… tesoro, ne parliamo dopo…

**Zamboni:** Come hai detto? A che cosa ti riferisci quando dici "tutti i cattivi nel quadro", Matteo?

**Matteo:** Tutti i cattivi hanno un foulard rosso!

**Zamboni:** Allora era il quadro... Santoro, chi ha dipinto questo quadro?

**Agostina:** Gliel'ho detto, capo, è comparso misteriosamente al Vittoriano. Stiamo ancora cercando di scoprirlo.

**Zamboni:** Va bene. Ora devo scappare. Domani ho degli impegni la mattina, ma appena torno, verso mezzogiorno, noi due faremo una bella chiacchierata.

**Matteo:** Buona notte, capo!

---

*Lessico*

**squadra antisequestro** hostage rescue team
**lavorare sodo** to work hard
**assomigliare** to seem like
**scappare** run off, dash off
**gli impegni** commitments
**verso** around

# 53. I FOULARD ROSSI

*Quando Zamboni va via, Agostina riguarda attentamente il quadro. Dopo un po', chiama Ignazio e Nina, che si trovavano nell'ufficio di quest'ultimo.*

**Agostina:** Matteo ha scoperto qualcosa, vero, tesoro?

**Ignazio:** Ciao, Matteo!

**Matteo:** Ciao, Ignazio. Sì, ho scoperto qualcosa, sono un detective proprio come voi!

**Agostina:** Perché non dici a Ignazio e a Nina cosa hai scoperto mentre osservavi il quadro?

**Matteo:** Stavo guardando il quadro, che sembrava come uno dei miei libri "Dov'è Wally?" E mi sono accorto che c'erano tanti cattivi. Li ho trovati subito, perché hanno tutti una sciarpa rossa.

**Nina:** Cavolo! Sì! Come abbiamo fatto a non accorgercene prima?

**Ignazio:** Questo cosa significa?

**Agostina:** Può significare due cose: o che tutti questi criminali fanno parte alla stessa banda... o che qualcuno gli sta passando queste sciarpe rosse come segno di identificazione, per proteggerli.

**Nina:** Non capisco esattamente come funzioni la cosa.

**Agostina:** Di solito si tratta di polizia corrotta. Non sarebbe la prima volta. Un poliziotto corrotto offre protezione ai criminali in cambio di una mazzetta. L'identificazione, in questo caso il foulard, è per le pattuglie, che fanno anche loro la loro parte... sanno di non dover sparare né inseguire i criminali con il segno identificativo.

---

*Lessico*

**quest'ultimo** the latter
**i cattivi** the "bad guys"
**cavolo!** holy smoke! (*literal:* cabbage)
**la mazzetta** bribe, roll of bills *(slang)*
**sparare** to shoot

111

# 54. IL SOSPETTO

*Agostina, Ignazio, Nina e Matteo sono nell'ufficio di Agostina discutendo sulla questione dei foulard rossi che svelano i criminali nel quadro.*

**Ignazio:** Un attimo... Stai sospettando di Zamboni?

**Agostina:** Purtroppo, sì!

**Nina:** No! Sul serio?

**Agostina:** Sinceramente, preferirei che non fosse così, però si è comportato in un modo molto strano per tutto il giorno... specialmente poco fa, quando Matteo ha detto dei foulard. Prima sembrava essere molto interessato alla questione dell'informatore; quando alla fine si è reso conto che tutte le informazioni si trovavano nel dipinto, se n'è semplicemente andato, non ha chiesto niente dei foulard, come se già sapesse che cosa significano.

**Ignazio:** Magari non è lui il corrotto, però sta proteggendo un amico.

**Agostina:** Potrebbe essere...

**Matteo:** Mamma... Ho sonno.

**Agostina:** Va bene, tesoro, andiamo a casa. Ignazio, Nina, andate a casa pure voi. Domani riprenderemo da qui.

**Ignazio:** Va bene, avvisaci se scopri qualcos'altro.

**Agostina:** Certo, voi fate lo stesso.

---

*Lessico*

**svelare** to reveal
**sul serio?** really?
**pure** as well
**riprendere** to resume

# 55. LA BUONA NOTTE

*Agostina torna a casa con suo figlio Matteo. Dopo avergli preparato la cena e avergli fatto il bagno, lo mette a letto.*

**Agostina:** Vuoi che leggiamo uno dei tuoi libri?

**Matteo:** No, grazie, mamma. Sono stanco morto.

**Agostina:** Va bene, tesoro. È stata una giornata molto lunga per tutti e due.

**Matteo:** Mamma, posso farti una domanda?

**Agostina:** Sì, certo, quello che vuoi.

**Matteo:** Il tuo capo è cattivo?

**Agostina:** Non lo so, tesoro. Però, ricorda che tutte le cose che senti nell'ufficio della mamma sono informazioni riservate... Sai cos'è un'informazione riservata?

**Matteo:** No, cosa vuol dire?

**Agostina:** Significa che è qualcosa di segreto, che non si deve raccontare a nessuno.

**Matteo:** Va bene, ho capito. Ma è cattivo?

**Agostina:** Ce ne renderemo conto presto, tesoro. Adesso, dormi!

**Matteo:** Va bene. Buona notte, mamma. Ti voglio bene.

**Agostina:** Anch'io ti voglio bene, tesoro mio. Sogni d'oro!

---

*Lessico*

**essere stanco morto** to be dead tired
**informazione riservata** classified information
**rendersene conto** to realize
**sogni d'oro!** sweet dreams!

# 56. NUOVA CHIAMATA DI ADRIANO

*Dopo aver fatto addormentare Matteo, Agostina va in soggiorno, si siede sul divano sorseggiando un tè e all'improvviso riceve una chiamata inaspettata.*

**Agostina:** Pronto?

**Adriano:** Buona sera, Agostina. Sono io, Adriano.

**Agostina:** Ciao, Adriano. Hai saputo di quello che è successo oggi?

**Adriano:** Sì, ho appena finito di parlare con Nina, mi ha raccontato tutto.

**Agostina:** Che ne pensi della situazione?

**Adriano:** Credo che la teoria della polizia corrotta abbia senso... Anch'io ho scoperto alcune cose.

**Agostina:** Che cosa sai?

**Adriano:** Beh, tanto per cominciare, i foulard rossi sono stati segnalati da diversi testimoni di crimini violenti negli ultimi anni. Abbiamo rivisitato gli archivi di giornali e, la maggior parte di questi crimini, come per pura coincidenza, succedevano sempre in luoghi controllati dalla polizia, la quale però, per qualche strano motivo, in quel momento non era lì presente.

**Agostina:** Quindi è qualcosa che avviene sotto il nostro naso già da tempo.

**Adriano:** Sì, solo che ora qualcuno ha finalmente deciso di avvisarti... anche se a modo suo!

---

*Lessico*

**sorseggiare** to sip
**tanto per cominciare** first of all
**segnalare** to report
**a modo suo** in his own way

# 57. CONVERSAZIONE
# CON ADRIANO

*La detective Santoro parla al telefono con Adriano. L'uomo, membro di una società di investigatori privati che si occupa di arte, sta collaborando al caso perché è amico di Nina e Alice.*

**Adriano:** Ho cercato in tutti gli archivi di gallerie e musei, e non ho trovato nessuno con uno stile simile all'artista del quadro misterioso.

**Agostina:** Potrebbe essere qualcuno che non ha mai mostrato al mondo i suoi lavori, non credi?

**Adriano:** È possibile. Comunque sia, la tecnica è molto buona. Senza ombra di dubbio è qualcuno con una formazione artistica.

**Agostina:** Lo terrò presente. Naturalmente mi interessa scoprire chi sta proteggendo questi crimini... Ma quello che mi preme di più è trovare quella povera bambina. Vorrei che fossimo arrivati sul posto qualche minuto prima per impedire il rapimento.

**Adriano:** Sono certo che andrà tutto bene. Dobbiamo solo continuare a investigare...

*Lessico*

**comunque sia** either way
**senza ombra di dubbio** without a doubt
**tenere presente** to keep in mind, in consideration
**premere** to matter (*also:* to press)

# 58. LE FASI SUCCESSIVE

*Agostina e Adriano continuano a discutere sul mistero del quadro e sui passi successivi da mettere in atto per risolvere il caso. Inoltre, la detective Santoro gli fa una confessione.*

**Adriano:** Senti, scusa se te lo chiedo, Agostina, ma cosa pensi di fare adesso?

**Agostina:** Non l'ho detto né a Ignazio né a Nina, perché sapevo che avrebbero cercato di dissuadermi, però ho deciso che domani pedinerò il mio capo.

**Adriano:** Vuoi pedinare l'ispettore Zamboni?

**Agostina:** Sì, ha detto che ha degli impegni in mattinata, e voglio sapere dove deve andare.

**Adriano:** Agostina, posso farti una domanda?

**Agostina:** Certo.

**Adriano:** Perché mi dici tutto questo? Perché ti stai confidando con me?

**Agostina:** Adriano... io sono una detective. So tutto del Club degli storici da anni.

**Adriano:** Sai di noi?

**Agostina:** Certo che so di voi, e so che sei l'uomo col cappello, Adriano.

**in atto** underway, in action
**dissuadere** to talk somebody out of something, to dissuade
**pedinare** to tail, to shadow
**confidarsi** to confide in

# 59. SULLE ORME
# DI ZAMBONI

*Il giorno seguente, di mattina presto, la detective Santoro si reca nelle vicinanze della casa del suo capo, l'ispettore Zamboni, per seguirlo quando uscirà di casa. Tuttavia, mentre aspetta in macchina, qualcuno la sorprende.*

**Luca:** Detective, Santoro! È lei?

**Agostina:** Ah! Luca, mi hai spaventata! Non mi aspettavo di vederti qui.

**Luca:** Beh, io vivo qui... Cerca mio padre?

**Agostina:** Eh, sì, speravo di scambiare due parole con lui prima di andare in ufficio.

**Luca:** Sembra qualcosa di confidenziale, non farò altre domande.

**Agostina:** E tu dove vai così presto? Vai già al museo?

**Luca:** No, non vado quasi mai al museo prima di mezzogiorno. Ho una lezione all'università tra poco. Ah, ecco il mio autobus, arrivederci!

**Agostina:** Ciao! Passa una bella giornata!

*Lessico*

**recarsi** to go
**sorprendere** to surprise
**spaventato** scared
**aspettarsi** to expect
**scambiare due parole** to quickly speak with

# 60. L'EDIFICIO IN COSTRUZIONE

*Dopo che Luca va via, la detective Santoro vede l'ispettore Zamboni uscire di casa. Lo segue con la sua auto per un lungo tragitto, finché non arrivano davanti a un edificio in costruzione. Sempre a debita distanza, entra anche lei nell'edificio, dove lo sente parlare con qualcuno.*

**Zamboni:** Lei non sa chi sono quelli coinvolti, però credo che ci sia vicina... Qualcuno le passa informazioni.

**Uomo 1:** Non è nessuno dei nostri! Deve essere qualcuno del tuo dipartimento.

**Zamboni:** È impossibile. Tutti i miei uomini sono di fiducia... è quello che ha dipinto il quadro.

**Uomo 2:** E che sappiamo di questo qui che hai portato oggi?

**Zamboni:** Lui è di fiducia.

**Uomo 1:** Perché non l'abbiamo mai visto prima?

**Zamboni:** Perché si è appena unito alla nostra causa, però mi fido di lui... Sentite, parliamo di affari ora. Qui ci sono i foulard. Non dimenticate di farli indossare in un posto ben visibile... L'otto ottobre farò in modo che l'area sia del tutto libera alle tre e mezza precise.

**Uomo 2:** Perfetto... cos'è stato quel rumore?

**Zamboni:** C'è qualcuno qui?

---

*Lessico*

**a debita distanza** at a safe distance
**essere dei nostri** to be one of us
**di fiducia** trusted
**gli affari** business
**fare in modo** to make sure that

# 61. IL SALTO

*La detective Santoro riesce a intrufolarsi all'interno dell'edificio senza farsi vedere, però un rumore la tradisce e ora criminali e polizia corrotta la stanno cercando. Cerca di fuggire uscendo da una scala di emergenza, ma la porta è chiusa a chiave. I criminali si avvicinano e la detective Santoro alla fine decide di uscire da una finestra. Ma non sa dove andare...*

**Zamboni:** Dov'è s'è infilato? Tu, vai a cercare fuori, subito!

**Uomo 1:** Sei riuscito a vedere chi era?

**Zamboni:** No, non ce l'ho fatta a vederlo. Tu?

**Uomo 1:** Nemmeno io. Non dovrebbe essere troppo lontano...non ci sono altre uscite qui.

**Zamboni:** ALLORA CERCATE MEGLIO! Se quello è riuscito a sentire quello di cui parlavamo, è finita! Quindi è meglio che lo troviate... e quando sarà... Sapete già cosa fare!

---

*Lessico*

**intrufolarsi** to sneak in
**chiuso a chiave** locked
**infilare** to burrow, to hide
**farcela** to make it
**è finita** it's over

# 62. LA VIA DI SALVATAGGIO

*Agostina è fuori da una finestra, e al momento l'ispettore Zamboni e i delinquenti non possono vederla, ma è in trappola. É al terzo piano, per cui non può saltare giù in strada senza infortunarsi. Improvvisamente sente una voce venire dal basso.*

**Ignazio:** Pssst, pssst.

**Agostina:** Ignazio, shhh... che ci fai qui?

**Ignazio:** Dopo ti spiego. Senti... Prova a scalare quel ponteggio fino a dove sono io.

**Agostina:** Quale ponteggio?

**Ignazio:** Quello lì, alla tua sinistra. Ha delle lattine di vernice... sicuramente l'hanno usato dei pittori... Qualcuno sta aprendo la finestra! Vai! SBRIGATI!

**Uomo 2:** Guardate! Qualcuno sta scappando da quel ponteggio!

**Uomo 1:** Capo, spariamo?

**Zamboni:** Lasciatela andare. Non avrà mai abbastanza prove per incriminarmi!

## Lessico

**coincer** to be stuck
**essere in trappola** to be trapped
**infortunarsi** to get injured
**il ponteggio** scaffolding
**le lattine di vernice** paint cans

# 63. LA FUGA RIUSCITA

*Agostina scende velocemente dal ponteggio e quando è a qualche metro dal suolo, salta vicino a Ignazio. I due corrono verso la sua macchina, che è parcheggiata dietro l'angolo.*

**Ignazio:** Credi che ti abbiano vista?

**Agostina:** Di sicuro non mi hanno vista in faccia... però è possibile che Zamboni mi abbia riconosciuta... Aspetta, tu cosa ci facevi lì?

**Ignazio:** Ho pensato che avresti fatto una cosa del genere, sai, pedinare Zamboni, agire da sola... Ma anch'io avevo sospetti e avevo intenzione di seguire Zamboni.

**Agostina:** Bene, la prossima volta avvisami... possiamo andare direttamente insieme. Comunque, grazie!

**Ignazio:** Che cosa sei riuscita a scoprire?

**Agostina:** Molte cose... Molte cose terribili.

---

*Lessico*

**il suolo** ground
**agire** to act, to operate
**avere intenzione** to intend to do, mean to

# 64. AGGIORNAMENTO IN MACCHINA

*Per strada, tornando al commissariato, Agostina riporta quello che ha sentito nell'edificio in costruzione.*

**Ignazio:** Non riesco a credere che il nostro capo sia corrotto! Quindi è lui ad essere immischiato con la storia dei foulard rossi dei criminali...

**Agostina:** Esatto. È un modo per identificare quelli che hanno pagato per la protezione della polizia. Così, quando la polizia li vede, sanno che non devono fermarli, né arrestarli, né spargli.

**Ignazio:** Com'è possibile che non ci siamo mai resi conto di niente prima d'ora?

**Agostina:** Zamboni sa che non siamo dei poco di buono. Non si sarebbe mai azzardato a proporci di prendere parte a tutto questo.

**Ignazio:** Hai idea di chi fosse quell'altro che era con lui?

**Agostina:** No, non ha aperto bocca e non ho potuto sbirciare per vederlo in volto. Comunque, potrebbe essere chiunque.

**Ignazio:** E ora che facciamo?

**Agostina:** Ora dobbiamo trovare le prove per poterlo incriminare.

*Lessico*

**riportare** to report
**l'edificio** building
**poco di buono** crook, trouble maker
**azzardarsi** to venture, to risk
**non aprire bocca** don't speak

# 65. IL SEGRETO
# NEL QUADRO

*Arrivati al commissariato, la detective Santoro e Ignazio corrono nell'ufficio di lei per analizzare di nuovo il quadro.*

**Ignazio:** Cosa cerchi?

**Agostina:** Sono certa che ci sia dell'altro qui dentro che al momento ci sfugge.

**Ignazio:** Cosa pensi possa essere di preciso?

**Agostina:** Non lo so... Una pista... Un dettaglio... Un personaggio che non abbiamo notato prima...

**Ignazio:** Cosa speri di trovare? Un Zamboni che riceve una tangente nel bel mezzo del quadro?

**Agostina:** Beh... Non sarebbe per niente male! Questo però non gli assomiglia un po'?

**Ignazio:** Direi di sì. Non sta prendendo una bustarella... è semplicemente lì in mezzo, in piedi...

**Agostina:** Che sorveglia tutto. Non noti niente di strano nei suoi vestiti? Come se avesse qualcosa in tasca? Ha uno spessore diverso rispetto al resto dei personaggi.

**Ignazio:** Credi che possa esserci qualcosa sotto la vernice?

**Agostina:** Vediamo. Mi serve un metal detector!

*Lessico*

**sfuggire** overlook
**la pista** trail, lead
**una tangente** bribe
**nel bel mezzo** be in the middle of
**una bustarella** backhander, bribe
**lo spessore** thickness

# 66. LA SCHEDA
# DI MEMORIA

*Ignazio va a prendere un metal detector, la detective Santoro lo passa lentamente sopra la superficie del quadro. In effetti, quando passa sopra al personaggio che assomiglia a Zamboni, il detector emette un nitido "bip".*

**Agostina:** Qui c'è senza dubbio qualcosa. Hai un coltello?

**Ignazio:** Sì, ho il mio coltellino svizzero.

**Agostina:** Prestamelo un attimo, per favore.

**Ignazio:** Certo, tieni pure.

**Agostina:** Ora, delicatamente, proverò a prendere quello che è nascosto qui sotto...

**Ignazio:** Fa' attenzione, potresti romperlo...

**Agostina:** Fatto!

**Ignazio:** E cos'è?

**Agostina:** È... Una scheda di memoria! Scommetto cento euro che qui dentro ci sono tutte le prove che ci servivano.

## Lessico

**la superficie** surface
**nitido** clear, limpid
**il coltellino svizzero** pocket knife
**rompere** to break
**la scheda di memoria** memory card
**scommettere** to bet

# 67. I FILE

*La detective Santoro trova una scheda di memoria nascosta nel quadro che era apparso al Vittoriano. La inserisce nel suo computer e apre la cartella.*

**Agostina:** Ci sono decine di file.

**Ignazio:** Cosa sono?

**Agostina:** Sembrano file audio. Ascoltiamone uno...

**Zamboni [registrazione]:** La mia squadra libererà la zona un attimo prima delle due e mezza in modo da farvi agire in piena libertà. Non dimenticate che si tratta di una zona piena di turisti, non voglio feriti.

**Uomo [registrazione]:** Afferrato, capo. Prenderemo solo il francobollo e ce ne andremo via da lì di corsa. Non ci saranno imprevisti.

**Ignazio:** Sembra che stiano parlando del furto al negozio di filatelia...

**Agostina:** Sì, proprio quello. Il file si chiama "1209-1430" ... Dodici, zero nove. La data della rapina! E dodici e trenta è l'orario in cui doveva avvenire. Ci sono altri file con la stessa data... Deve trattarsi degli altri crimini. Però guarda, ce ne sono tanti altri. Qui abbiamo le prove di moltissimi altri crimini coordinati con la polizia. Dovremo ascoltarli tutti...

*Lessico*

**la cartella** folder
**decine** dozens
**il file** file (computer document)
**registrazione** recording
**feriti** injured
**afferrato** got it!
**l'imprevisto** set back

# 68. CHI SONO I SEQUESTRATORI?

*La detective Santoro vuole ascoltare tutti i file audio che si trovano nella scheda di memoria. Però Ignazio la ferma. Ha l'aria molto preoccupata.*

**Ignazio:** Aspetta, prima di ascoltarli tutti, non credi che dovremmo preoccuparci del sequestro? Chi sa dove si trova quella povera bambina?

**Agostina:** Ma certo, hai pienamente ragione! Guarda, questo qui dovrebbe essere il file del rapimento. Ha la data e l'ora del crimine.

**Ignazio:** Va bene, ascoltiamo che dice.

**Zamboni [registrazione]:** Allora, ho detto alle otto e mezza, e devi essere puntuale!

**Uomo [registrazione]:** Sai quanto mi costa essere puntuale...

**Zamboni [registrazione]:** Zero, faccio sul serio. Posso garantirti solo un lasso di tempo di circa cinque minuti.

**Uomo [registrazione]:** Va bene, va bene. Come sei pignolo... Sarà fatto alle otto e mezza, non ti preoccupare.

**Agostina:** Hai sentito?

**Ignazio:** Cosa?

**Agostina:** Ha detto "Zero".

---

*Lessico*

**puntuale** to be on time
**fare sul serio** to mean it
**un lasso di tempo** lapse, span of time
**pignolo** fastidious

# 69. ZERO

*Agostina e Ignazio ascoltano il file audio dove si sente l'ispettore Zamboni negoziare con i sequestratori che hanno rapito la bambina a Ostiense. Agostina ha sentito qualcosa nella registrazione che le ha fatto drizzare le antenne, così fa ripartire l'audio per esserne sicura...*

**Agostina:** Sì, dice "Zero".

**Ignazio:** Cosa significa?

**Agostina:** Sei molto giovane... È stato un caso di circa quindici anni fa. Roberto Castiglione, conosciuto da tutti come "Zero", era un malvivente di quelli che amavano diversificare...

**Ignazio:** Diversificare?

**Agostina:** Sì, lui e i suoi compari hanno commesso i crimini più disparati: gioco d'azzardo, droga, contrabbando, estorsione e addirittura rapimenti. Una volta è stato pagato per rapire la fidanzata di un politico importante e, quando ha visto la quantità di denaro che poteva fare con i rapimenti, ha iniziato a farne sempre più spesso.

**Ignazio:** E non l'hanno mai preso?

**Agostina:** Sì, ovvio, è stato in carcere. Dovrebbero avergli dato una sentenza di circa vent'anni, mi pare. Ma deve

aver ottenuto la buona condotta, perché si vede che
l'hanno fatto uscire prima...

---

*Lessico*

**drizzare le antenne** to perk up the ears
**malvivente** lowlife, crook
**i compari** accomplices
**disparati** diverse, varied
**il gioco d'azzardo** gambling
**addirittura** even
**si vede** seems like

# 70. LA CASSAFORTE

*Agostina e Ignazio hanno già scoperto chi c'è dietro al sequestro, un malvivente ex-detenuto che in passato aveva già effettuato un sacco di crimini e di sequestri.*

**Ignazio:** E sai dove possiamo trovarlo adesso?

**Agostina:** Sì, ho un'idea molto precisa di dove potrebbe essere...

**Ignazio:** Nella sua vecchia tana?

**Agostina:** No, a casa di sua madre. Ho interrogato quella donna una decina di volte e non ho mai cavato un ragno dal buco. Sono sicura che anche questa volta lo starà proteggendo.

**Ignazio:** Aspetta, che ne facciamo della scheda di memoria? Non penserai di lasciarla qui, vero?

**Agostina:** No, certo! Hai ragione, che facciamo? La portiamo con noi?

**Ignazio:** Ho un'idea migliore. Ho una piccola cassaforte nel mio ufficio dove nascondo le informazioni di contatto di alcuni poliziotti infiltrati. Nessuno ne conosce la combinazione, solo io. Vuoi che la nascondiamo lì, mentre siamo via?

**Agostina:** Sì, va bene. Tieni, nascondila tu.

**Ignazio:** Ci vediamo in macchina tra cinque minuti?

**Agostina:** Sì, perfetto. Ci vediamo sotto.

---

*Lessico*

**detenuto** incarcerated
**effettuare** carry out, realize
**la tana** hideout
**cavare un ragno dal buco** to go nowhere, to accomplish nothing
**la cassaforte** safe, lockbox
**nascondere** to hide

# 71. LA TANA DI ZERO

*Cinque minuti dopo, Ignazio e Agostina si ritrovano nel parcheggio. Salgono nella macchina della detective Santoro e si dirigono dove pensano possa trovarsi Zero. Si tratta di un piccolo appartamento in un quartiere fuori dal centro città. Arrivati lì, bussano alla porta... aspettano parecchio tempo ma alla fine qualcuno risponde.*

**Signora Castiglione:** Chi è? Stiamo facendo un riposino!

**Agostina:** Salve, signora Castiglione. Mi chiamo Agostina Santoro. *Detective* Agostina Santoro. Ci siamo conosciute circa quindici anni fa. Suo figlio è in casa?

**Signora Castiglione:** Mio figlio non è a casa in questo momento. È uscito. Tornate un altro giorno.

**Agostina:** Signora, per favore, apra la porta.

**Signora Castiglione:** Va bene, va bene. Però mio figlio non è casa.

**Agostina:** C'è qualcun altro in casa?

**Signora Castiglione:** No, no, sono da sola. Mio figlio è a lavoro. Ora ha un lavoro onesto, in un supermercato. Si è lasciato il passato alle spalle. Non capisco cosa vogliate da lui...

**Agostina:** Signora... la disturbiamo solo un attimo, promesso. Desidero solo farle una domanda... guarda sempre i cartoni animati mentre fa il suo riposino pomeridiano?

**Signora Castiglione:** Accidenti...

---

*Lessico*

**parecchio** quite a lot, much
**il riposino** nap
**alle spalle** behind
**accidenti** darn it

# 72. IL RITROVAMENTO

*Dalla porta socchiusa di una stanza si vede un televisore acceso su un canale di cartoni animati. Sul tavolo ci sono un bicchiere di latte e dei biscotti. Agostina entra in casa e controlla le due stanze dell'appartamento. In una, trova una bambina rannicchiata in un armadio.*

**Signora Castiglione:** È mia nipote! Stavamo giocando a nascondino.

**Ignazio:** Non ci ha appena detto che era da sola e che stava facendo un riposino?

**Signora Castiglione:** Mi sono dimenticata che c'era mia nipote a casa. Poverina, deve essersi nascosta più di un'ora fa!

**Agostina:** Non avere paura, piccola... Io sono della polizia... E sono anche una mamma. Mio figlio, Matteo, ha più o meno la tua età. Quanti anni hai?

**Melania:** Ho sei anni.

**Agostina:** Ah, mio figlio ne ha cinque. Sono sicura che diventereste amici. Ti chiami Melania, vero?

**Melania:** Sì, come lo sai?

**Agostina:** Perché la tua mamma mi ha mandato a prenderti, ti va di andare da lei adesso?

**Melania:** Nessuno farà del male alla mia mamma se vengo con te?

**Agostina:** No, piccola, certo che no. Non piangere. È tutto a posto...

---

*Lessico*

**socchiuso** left ajar
**acceso** turned on
**rannicchiarsi** to curl up
**nascondino** hide and seek
**fare del male** to hurt
**è tutto a posto** everything is ok

# 73. IL RITORNO A CASA

*Ignazio si occupa dell'arresto della signora Castiglione, la quale si rifiuta ancora una volta di dire dove si trova suo figlio. Dice che il sequestro lo ha fatto lei, da sola. Nel frattempo, Agostina Santoro porta la piccola Melania dalla sua mamma.*

**Teresa:** Bambina mia! Sei proprio tu?

**Melania:** Mamma! Mamma! Sono io, sono io!

**Teresa:** Vieni, amore della mamma. Abbracciami! Grazie, grazie, detective! Non sa quanto le sia grata per avermi riportato mia figlia.

**Agostina:** È il mio lavoro, signora.

**Teresa:** Che ne è stato degli uomini responsabili di tutto questo? Li avete presi?

**Agostina:** Abbiamo effettuato un arresto. Però ci sono ancora un paio di persone da arrestare. Nel frattempo, le offriremo la protezione della polizia. Vede quelle donne in quella macchina?

**Teresa:** Sì, le vedo.

**Agostina:** Sono anche loro della polizia. Ho la massima fiducia in loro. Rimarranno a sorvegliare la casa giorno e notte. Per favore, non apra la porta a gente sconosciuta e non esca di casa. Se ha bisogno di andare da qualche parte, parli con loro.

**Teresa:** Ho capito. Ma non potrebbe rimanere lei invece?

**Agostina:** Mi dispiace ma devo andare ad arrestare
i colpevoli.

---

*Lessico*

**ancora una volta** once more
**abbracciare** to hug
**grato** thankful
**sconosciuto** unknown
**colpevole** culprit, felon

# 74. DOV'È FINITA LA SCHEDA DI MEMORIA?

*La detective Santoro torna al commissariato, pronta per denunciare l'ispettore Zamboni con il supporto delle prove che ha trovato nella scheda di memoria ritrovata nel quadro. Tuttavia, al suo arrivo, Ignazio deve svelarle qualcosa.*

**Ignazio:** La scheda di memoria! È sparita!

**Agostina:** Cosa? Com'è possibile? Non hai detto che eri l'unico a conoscere la combinazione?

**Ignazio:** Sì, è inspiegabile come questo sia potuto succedere.

**Agostina:** Ma come?!

**Ignazio:** L'ho cercata in lungo e in largo, ma non la trovo. Qualcuno deve averla presa.

**Agostina:** Ci deve essere Zamboni dietro a tutto questo.

**Ignazio:** Shhh... Arriva qualcuno.

---

*Lessico*

**unico** the only one
**inspiegabile** unexplicable
**in lungo e in largo** anywhere

# 75. IN UFFICIO DA ZAMBONI

*Mentre Agostina e Ignazio discutono nel corridoio del commissariato, arriva l'ufficiale Perilli, uno degli uomini più fidati di Zamboni.*

**Perilli:** Santoro, Gallinari.

**Agostina:** Che succede, ufficiale Perilli?

**Perilli:** Zamboni vuole vedervi immediatamente nel suo ufficio.

**Agostina:** Va bene... Ci andiamo subito.

**Perilli:** Ho disposizioni di venire con voi.

**Agostina:** Va bene. Andiamo, Ignazio. Meglio non rimandare oltre.

**Ignazio:** Sì.

**Agostina [sussurrando]:** Stai all'erta, potrebbe diventare violento. Tieni la mano sull'arma, pronto a tutto.

**Ignazio [sussurrando]:** Ricevuto, collega.

**Zamboni:** Entrate e chiudete la porta dietro di voi.

**Agostina:** Preferiamo lasciarla aperta.

**Zamboni:** Ignazio, chiudi la porta.

**Ignazio:** Sì, capo.

**Agostina:** Ignazio, ma che fai?

**Ignazio:** È finita, Agostina.

---

*Lessico*

**rimandare** to postpone, to put off
**all'erta** heads up, watch out
**ricevuto** roger

# 76. UNA SVOLTA INASPETTATA

*Agostina e Ignazio si trovano nell'ufficio di Zamboni. Agostina s'è appena resa conto che anche Ignazio è coinvolto nella corruzione di Zamboni. È sbalordita!*

**Agostina:** Anche tu fai parte di questo? Da sempre?

**Zamboni:** No. Il detective Gallinari è la nostra ultima aggiunta alla squadra. Credo che, di fatto, sia stato grazie a te, detective Santoro, se Ignazio ha saputo dei nostri affari. Resosi conto della situazione, è venuto a parlarmi a quattr'occhi per chiedere di far parte del nostro gruppo.

**Agostina:** È davvero così?

**Ignazio:** Sì, è andata così.

**Agostina:** Quindi la scheda di memoria...

**Ignazio:** Non ho nemmeno una cassaforte nel mio ufficio.

**Agostina:** E quando hanno rapito quella bambina e tu hai inseguito il criminale?

**Ignazio:** L'ho lasciato scappare.

**Agostina:** E quando ti ho incontrato all'edificio in costruzione?

**Ignazio:** Beh, tecnicamente sono stato io a incontrare te.

**Agostina:** Quindi eri tu l'uomo che non sono riuscita a vedere in volto, il poliziotto che era con Zamboni per fare affari con quei criminali...

---

*Lessico*

**sbalordito** bewildered, astonished
**l'aggiunta** addition
**di fatto** as a matter of fact
**a quattr'occhi** face to face, speak to somebody privately

# 77. LE MOTIVAZIONI

*Nel venire a sapere che il suo collega è corrotto tanto quanto il suo capo, Agostina esige delle spiegazioni. Non riesce a capire cosa gli avrebbe fatto decidere di passare dalla parte dei buoni a quella dei cattivi.*

**Agostina:** Ma perché, Ignazio? Perché? Pensavo che tu fossi diverso!

**Ignazio:** Vuoi davvero farmi credere che tu non ci abbia mai pensato? Che non ti abbia mai tentata l'idea di avere un po' di più delle briciole che ti passa il sistema? Io voglio una vita migliore, voglio vivere con dignità.

**Agostina:** Tutti vogliamo vivere al meglio, Ignazio. Però ti assicuro che la dignità non la trovi percorrendo questa strada. Cosa ti fa pensare che questa scelta ti farà vivere meglio?

**Ignazio:** Mi stai chiedendo perché cerco delle entrate extra quando rischio la mia vita tutti i giorni e guadagno tanto quanto un cameriere?

**Agostina:** Lavoriamo tutti alle stesse condizioni, dovresti saperlo.

**Ignazio:** E quindi dovrei fare la tua stessa fine, arrivare a quarant'anni vivendo in un appartamento orribile, con un'auto di seconda mano, riuscendo a malapena a mantenere mio figlio?

## Lessico

**tanto quanto** just as much
**esigere** to demand, to require
**le briciole** crumbs
**passare** to hand to
**percorrere** to go down [a path]
**entrate** income, revenue
**fare la stessa fine** to end up like

# 78. L'ARMA

*Zamboni che era rimasto in silenzio per un po', prende qualcosa dal suo cinturone. È la sua pistola d'ordinanza! Agostina rimane paralizzata.*

**Agostina:** Ispettore, cosa pensa di fare con quella?

**Ignazio:** Un attimo, capo. Non è un po' troppo estremo? Tutta la stazione lo sentirà.

**Zamboni:** Silenzio! State tutti zitti. Tu, Ignazio, non sprecare energie cercando scuse: il sistema ingiusto, la dignità... Tutti dicevamo la stessa cosa all'inizio, ma prima lo accetti, meglio è. Lo fai per i soldi, e perché ti piace ottenerli in maniera facile e veloce... e ti piace anche riuscire a farla franca! Vuoi più soldi... anche se questo significa strapparli dalle mani di qualche povero innocente.

**Ignazio:** Ma io...

**Zamboni:** E tu, Santoro. Ti credi meglio di tutti noi, con i tuoi principi morali impeccabili. Beh, notizia dell'ultima ora, non lo sei! Immagina di non ricevere mai più una promozione in vita tua. Di avere lo stesso stipendio per altri vent'anni e poi di andare in pensione. Tuo figlio andrà via di casa, sarai povera e sola e non avrai nessuno che ti faccia i complimenti per quanto sei stata brava come agente di polizia. È questo che vuoi?

**Santoro:** Però...

**Zamboni:** Silenzio. Ora farò qualcosa che avrei dovuto fare già un po' di tempo fa...

---

*Lessico*

**il cinturone** holster, gun belt
**la pistola di ordinanza** service weapon
**sprecare** to waste
**ingiusto** unfair
**farla franca** get away with it, get off scot-free
**strappare** to rip-off
**notizia dell'ultima ora** breaking news
**la pensione** retirement

# 79. LA DISTRUZIONE DELLE PROVE

*In quell'istante, l'ispettore Zamboni tira fuori dalla tasca la scheda di memoria. La posa sulla scrivania e con il calcio della pistola la colpisce finché non la fa a pezzi.*

**Agostina:** No!

**Zamboni:** Eh già, ora non hai più alcuna prova di quello che è successo. Puoi andare a parlare con chi vuoi, anche se... Non credo che ti convenga farlo...

**Agostina:** In che senso?

**Zamboni:** Non sei curiosa di sapere dov'era Zero questo pomeriggio, quando sei andata ad arrestare sua madre?

**Agostina:** Di cosa sta parlando?

**Zamboni:** Dopo tutto, lui ha già molta esperienza nel "prelevare" bambini piccoli. Dov'è in questo momento il piccolo Matteo?

**Agostina:** Cosa sta cercando di insinuare?

**Ignazio:** Un attimo, capo. Di questo non ne avevamo parlato.

*Lessico*

**il calcio della pistola** stock, butt of a gun
**eh già** that's right
**convenire** to be worthwhile
**prelevare** to collect, to take away

# 80. IL RAPIMENTO DI MATTEO

*Zamboni insinua che il figlio di Agostina potrebbe trovarsi in pericolo se lei non collabora.*

**Agostina:** Mi sta dicendo che... Zero ha rapito mio figlio?

**Zamboni:** Lo sta seguendo da vicino. Ah, guarda, mi è giusto arrivato un messaggio. In questo momento è con la babysitter al parco... Una mossa sbagliata, Santoro, e tuo figlio finirà nelle mani di Zero.

**Agostina:** No! La prego, gli dica di lasciar stare mio figlio.

**Zamboni:** Vedremo... prima dobbiamo risolvere tutto questo trambusto che hai causato. Per cominciare, dobbiamo rilasciare subito la signora Castiglione. Zero si è molto infastidito quando ha saputo che avete portato sua madre al commissariato.

**Ignazio:** Non si preoccupi, capo, non l'ho registrata come accusata di sequestro. Solo come testimone. Si trova in una delle stanze usate per gli interrogatori.

**Zamboni:** Va bene, andiamo a parlare con lei e mandiamola a casa. E tu, Santoro, tu rimani qui per un po'. Mi prendo il tuo cellulare, se non ti dispiace, e il telefono fisso, che non si sa mai. Non provare a uscire: l'ufficiale Perilli rimarrà qui fuori dalla porta.

## *Lessico*

**trovarsi in pericolo** to be in danger
**giusto** just
**una mossa sbagliata** a wrong move
**il trambusto** turmoil, hustle
**rilasciare** to release
**infastidito** annoyed
**il testimone** witness
**se non ti dispiace** if you don't mind

# 81. RINCHIUSA NELL'UFFICIO

*Agostina si trova rinchiusa nell'ufficio di Zamboni. La porta
è chiusa a chiave e sulla porta c'è l'ufficiale Perilli, pronto ad
assicurarsi che non esca. Agostina prova a parlare con lui, per
cercare di convincerlo a lasciarla uscire.*

**Agostina:** Perilli, ascoltami! Se mi lasci uscire e ti penti di
tutto, è possibile che tu faccia meno anni di galera.

**Perilli:** Taci! Non ti lascerò uscire da qui! E poi, tu sei
l'unica qui che andrà in prigione.

**Agostina:** Quindi Zamboni ha intenzione di incolparmi?
Non ci posso credere! Nessuno ci crederà!

**Perilli:** Davvero credi che il Commissario Generale
crederà a te invece di credere a lui? Io non ne sarei così
tanto sicuro. Zamboni è qui da molti più anni di te.
Conosce un sacco di persone, ha più potere.

**Agostina:** Lui ha più potere, però non ha nessuna prova
contro di me. Non ha niente da usare contro di me!

**Perilli:** In qualche modo qualcosa troverà, non ti
preoccupare. Adesso sta' zitta, se non vuoi che succeda
qualcosa a tuo figlio. Arriva qualcuno, zitta...

## Lessico

**rinchiuso** locked up
**pentirsi** addition
**la galera** jail
**tacere** be quiet
**incolpare** to blame, to accuse

# 82. PERILLI SE NE VA

*Agostina sente il rumore di passi che si avvicinano nel corridoio. Una voce che lei non riconosce parla con Perilli.*

**Perilli:** Che succede?

**Ufficiale:** Zamboni ti ha mandato a chiamare.

**Perilli:** Ma se neanche un attimo fa mi ha detto di rimanere qui… che non devo muovermi neanche cascasse il mondo!

**Ufficiale:** Sì, mi ha detto che avresti risposto così, però è urgente. Dobbiamo andare all'ufficio centrale della Polizia di Stato immediatamente.

**Perilli:** Ti ha detto perché?

**Ufficiale:** No, mi ha detto che non poteva dirmelo al telefono.

**Perilli:** Va bene, andiamo. Tu, Santoro, non sognare nemmeno di uscire da qui. Ricordati la posta in gioco…

**Agostina:** Sì, certo.

---

*Lessico*

**mandare a chiamare** send for someone
**cascasse il mondo** come rain or shine, whatever happens
**la posta in gioco** what is at stake

# 83. L'EVASIONE DALL'UFFICIO

*La detective Santoro aspetta un attimo che Perilli e l'altro uomo si allontanino. Dopodiché, senza pensarci due volte, prende la rincorsa e spalanca la porta con un calcio. Facendo in modo che nessuno la veda, sgattaiola fuori dall'edificio. Tuttavia, non appena esce, si imbatte per strada con...*

**Agostina:** Nina! Che ci fai qui?

**Nina:** È qualcosa di urgente... Mi ha appena raggiunto un corriere con questa busta per me. Dice; "Io sto con Agostina. Dille di NON DARLA A NESSUNO questa volta".

**Agostina:** Strano... Cosa c'è dentro?

**Nina:** Non lo so, non ho guardato. Aprila.

**Agostina:** È la scheda di memoria! Ma com'è possibile? Zamboni l'ha distrutta. Eppure, sì, è la stessa scheda del quadro. Ha persino delle macchie di pittura.

**Nina:** Agostina, scusa, ma non ho idea di cosa tu stia dicendo...

**Agostina:** Non fa niente, ti spiego tutto per strada.

**Nina:** E dove andiamo?

**Agostina:** A salvare mio figlio. E dopo a far incriminare quel gran corrotto di Zamboni!

---

*Lessico*

**allontanarsi** to walk away
**prendere la rincorsa** to take a run-up
**spalancare** to throw open
**sgattaiolare** to sneak off
**imbattersi** to bump into
**la macchia** stain
**non fa niente** it doesn't matter

# 84. VERSO IL PARCO

*Agostina e Nina corrono a perdifiato fino all'auto della detective. Appena salite, Agostina parte a sirene spiegate fino al parco Villa Doria Pamphili, dove Matteo si trova con la sua babysitter.*

**Agostina:** Nella scheda ci sono le prove della corruzione di Zamboni. Era nascosta sotto uno strato di pittura, nel quadro.

**Nina:** Quindi alla fine avevi ragione! Zamboni è implicato in tutti i crimini rappresentati nel dipinto!

**Agostina:** Sì, in quelli e in molti altri... e adesso, mi ha minacciata di sequestrare mio figlio.

**Nina:** È diabolico quell'uomo! Dov'è Matteo adesso?

**Agostina:** Per quanto ne so, è al parco con la babysitter. Zamboni mi ha confiscato il telefono, così non ho potuto chiamarla. Speriamo di raggiungerli prima che lo faccia l'uomo di Zamboni.

**Nina:** E dopo? Come faremo ad arrestarlo?

**Agostina:** Con queste prove, andremo all'ufficio centrale della Polizia di Stato e chiederemo di parlare con il Commissario Generale Fratelli. È la persona a cui dobbiamo rivolgerci per ottenere il mandato di arresto di Zamboni.

*Lessico*

**a perdifiato** breathlessly
**sirene spiegate** with sirens wailing
**implicato** implicated, involved
**per quanto ne so** as far as I know
**confiscare** to confiscate, requisition
**rivolgersi** to speak to, to address

# 85. MATTEO NON È PIÙ CON LA BABYSITTER

*Guidando a tutta velocità per le strade di Roma, Agostina e Nina arrivano al parco in un battibaleno. Vanno dritte verso il posto dove solitamente Matteo va a passeggio con la sua babysitter. Dopo pochi minuti, incontrano Nadia, la babysitter di Matteo che cammina tranquilla, da sola.*

**Agostina:** Nadia, dov'è Matteo? Come sta?

**Nadia:** Ciao, Agostina! Matteo sta bene!

**Agostina:** Sì, ma dov'è?

**Nadia:** È appena venuto a prenderlo Ignazio, come mi hai detto.

**Agostina:** Io ti ho detto così?

**Nadia:** Sì, mi hai mandato un messaggio sul cellulare, per avvisarmi che Ignazio sarebbe passato a prendere Matteo, non ti ricordi? Pochi minuti fa, Ignazio è passato a prenderlo. Perchè, c'è qualche problema?

**Agostina:** No... Nessun problema. È vero, che sciocca, me n'ero dimenticata! Ho la testa altrove ultimamente, ho davvero bisogno di una vacanza... Va bene, Nadia. Allora vado a casa, ci vediamo domani. Grazie di tutto.

*Lessico*

**un battibaleno** twinkling of an eye
**che sciocca** how silly
**avere la testa altrove** be distracted, have the head in the clouds

# 86. LA CHIAMATA
# DI IGNAZIO

*Agostina torna all'auto con Nina, senza capire del tutto la situazione.*

**Nina:** Quindi è tutto a posto? Matteo è con Ignazio.

**Agostina:** Nina, c'è qualcosa che non ti ho detto...

**Nina:** Cosa?

**Agostina:** Ignazio... Ignazio sta con Zamboni... È uno di loro. Ha venduto l'anima per soldi.

**Nina:** Non può essere! Allora... Questo vuol dire che... Matteo...

**Agostina:** Sì, esatto.

**Telefono:** RIIING!

**Nina:** Guarda, è Ignazio! Mi sta chiamando. Che facciamo?

**Agostina:** Dammi il telefono. Voglio parlare io con lui. Pronto!

**Ignazio:** Agostina, non ti preoccupare.

**Agostina:** Dov'è mio figlio?

**Ignazio:** Tranquilla, tranquilla. Sul serio, siamo a casa tua. Va tutto bene. Vieni qui e ti spiego tutto.

---

*Lessico*

**stare con** to be with
**uno di loro** one of them addition
**l'anima** soul

# 87. RIABBRACCIARE
# MATTEO

*Agostina arriva in volata al suo appartamento. Quando apre la porta di casa, Matteo corre da lei a braccia aperte e la stringe forte. Ignazio è seduto su una sedia in cucina, che aspetta.*

**Agostina:** Tesoro!

**Matteo:** Mammina! Come stai?

**Agostina:** Tu come stai, tesoro mio?! Stai bene? Qualcuno ti ha fatto del male?

**Matteo:** Ma cosa dici, mamma?

**Ignazio:** Agostina, noi due dobbiamo chiarire.

**Agostina:** Certo che dobbiamo chiarire! Tesoro, vai un attimo a giocare in camera tua, per favore. Noi adulti dobbiamo parlare di cose "da grandi".

**Matteo:** Va bene. Ci volevo già andare comunque!

**Ignazio:** Agostina, non sono mai stato con Zamboni! Si trattava di un'inchiesta segreta che stavo conducendo. Sono stato io a mandare la scheda a Nina mentre a Zamboni ho dato una scheda falsa.

**Agostina:** Un'inchiesta segreta? Ora ha senso! Infatti, mi sembrava impossibile...

*Lessico*

**in volata** in a flash, quickly
**stringere forte** to hold tight
**chiarire** to clarify
**cose da grandi** grown up stuff
**condurre un'inchiesta** to conduct an inquiry

# 88. IGNAZIO CHIARISCE TUTTO

*Agostina, Ignazio e Nina discutono a casa di Agostina. Ignazio spiega loro che stava lavorando in incognito come agente infiltrato nel gruppo di polizia corrotta guidata da Zamboni.*

**Ignazio:** Scusa, ma non potevo dirtelo prima. Era confidenziale.

**Nina:** Però perché non hai tenuto tu la scheda?

**Ignazio:** Quella scheda contiene delle prove schiaccianti contro Zamboni. Dovevo farla sparire dal commissariato. Non potevo tenerla con me perché Zamboni è paranoico ultimamente. Da quando è stato trovato il quadro sa che qualcuno della sua squadra sta facendo trapelare informazioni, ma non ha idea di chi possa essere! Quindi ci fa perquisire a random per assicurarsi che non abbiamo addosso microfoni.

**Agostina:** Ma quindi nemmeno tu sai chi è il responsabile della fuga di notizie? Chi ha dipinto il quadro?

**Ignazio:** Non ne ho idea. Nessuno sa niente.

*Lessico*

**schiacciante** crushing, incontestable
**far sparire** to hide, to make disappear
**trapelare** to leak, to seep
**perquisire** to search, to pat down
**addosso** on you, with you
**la fuga di notizie** leak

# 89. LA RETE DI CORRUZIONE

*Ignazio spiega ad Agostina che la rete di corruzione su cui stava investigando è molto più grande di quello che sembrava all'inizio. Ci sono molti agenti coinvolti, oltre a Zamboni.*

**Agostina:** Ma una volta ottenute le prove, la scheda di memoria, perché non denunciare Zamboni subito?

**Ignazio:** Il fatto è che non si tratta solo di Zamboni. Dobbiamo fermare tutti i poliziotti corrotti che lavorano con lui. Per questo avevo bisogno di un po' di tempo per ottenere delle prove anche contro le altre persone coinvolte, e adesso ho tutto quello che mi serve.

**Agostina:** E con Matteo? Come hai fatto?

**Ignazio:** Quando siamo usciti, Zamboni stava per chiamare Zero per il sequestro di tuo figlio, però l'ho convinto che sarebbe stato meglio mandare me. Gli ho detto che conoscevo già sia il bambino sia la sua babysitter e che sarebbe stato un gioco da ragazzi se lo avessi fatto io. C'è voluto un po', ma alla fine ha ceduto. Così avrei potuto assicurarmi che Matteo fosse al sicuro. Poi ho chiamato alcuni altri uomini di Zamboni spacciandomi per lui. Gli ho dato l'ordine di richiamare Perilli con urgenza... Così tu avresti potuto scappare, sapevo che non ti saresti fatta intimidire!

**Agostina:** Amico, hai salvato mio figlio!

*Lessico*

**la rete** net
**un gioco da ragazzi** a piece of cake
**cedere** to give in
**farsi intimidire** to be frightened, to be intimidated

# 90. LA PROMESSA

*Agostina abbraccia Ignazio ringraziandolo per quello che ha fatto per lei e per suo figlio.*

**Ignazio:** Va bene, basta con i convenevoli. Forza, andiamo a denunciare quel corrotto.

**Agostina:** Prima che lui provi a incolpare me.

**Nina:** Agostina, vuoi che rimanga qui con Matteo?

**Agostina:** Sì, per favore. Matteo! Vieni a salutare la mamma. Devi rimanere un po' con zia Nina. Va bene?

**Matteo:** Uffa! Lavori sempre, mamma!

**Agostina:** Ti prometto che, se oggi si risolverà tutto come spero, mi prenderò un mese intero di ferie per giocare con te. Che ne dici?

**Matteo:** Mitico!

---

*Lessico*

**i convenevoli** pleasantries
**forza** come on
**le ferie** leave, time off

# 91. ALL'UFFICIO CENTRALE DELLA POLIZIA

*Ignazio e Agostina si dirigono all'ufficio centrale della Polizia di Stato, per parlare con il Commissario Generale. Tuttavia, superate le prime guardie di sicurezza e una volta entrati nell'edificio, percepiscono che qualcosa non va...*

**Agostina:** Che succede qui? È abbastanza vuoto, non trovi?

**Ignazio:** Sì, è molto strano, di solito ci sono un sacco di persone... Quando ieri sono venuto a lasciare Raggio X, per esempio, era stracolmo di gente qui.

**Agostina:** Dove si saranno cacciati tutti?

**Ignazio:** Sshhhh, sento qualcosa!

**Agostina:** C'è qualcuno?

**Polizia:** MANI IN ALTO! CONSEGNATECI LE VOSTRE ARMI, SIETE IN ARRESTO!

**Agostina:** Cosa?

**Polizia:** MANI IN ALTO O SPARIAMO!

---

*Lessico*

**qualcosa non va** something is wrong
**stracolmo** cram-full, bulging
**cacciarsi** end up, wind up

# 92. AMMANETTATI COME CRIMINALI

*All'ufficio centrale della Polizia di Stato, una decina di poliziotti sbuca all'improvviso dai loro nascondigli. Sono armati. Ignazio e Agostina alzano le mani. I poliziotti li ammanettano come criminali.*

**Agostina:** Che sta succedendo? Siamo venuti per parlare con il Commissario Generale Fratelli.

**Commissario Generale Fratelli:** Non si preoccupi, detective Santoro, sono qui.

**Zamboni:** Le ho detto che sarebbero venuti, Commissario Generale. Avevano un piano per incolparmi dei loro affari corrotti.

**Ignazio:** Zamboni, cosa sta dicendo?

**Zamboni:** Ovviamente ho appena finito di far ascoltare al Commissario Generale una registrazione dove si può sentire la tua voce, Ignazio, dove offri protezione a dei criminali in cambio di soldi, probabilmente dietro ordine della detective Santoro. E quando vi siete resi conto che vi avremmo incastrati, siete corsi qui per infangare qualcun altro dei vostri crimini!

**Ignazio:** Lavoravo in incognito, per incolpare lei, Zamboni!

**Zamboni:** Ah, sì?! E dove sono le prove...

**Agostina:** Le prove ce le ho in tasca. Coraggio, perquisitemi!

**Commissario Generale Fratelli:** Ufficiali, perquisite le tasche della detective Santoro.

---

*Lessico*

**sbucare** to appear, to pop out
**il nascondiglio** hiding place
**incastrare** to frame
**infangare** to sully

# 93. LE PROVE IN FORMATO DIGITALE

*Due ufficiali si avvicinano e perquisiscono le tasche di Agostina. Uno di loro, dopo qualche secondo, tira fuori da una tasca una piccola scheda di memoria macchiata di pittura rossa.*

**Agostina:** La vede quella, Commissario Generale? Quella scheda di memoria contiene decine di registrazioni dell'ispettore capo Zamboni che tratta con mafiosi e criminali.

**Zamboni:** Non può essere! Ma cosa dite?! Non avete niente contro di me...

**Ignazio:** Perché è così preoccupato, Zamboni? Era sicuro di aver distrutto tutte le prove, vero? Questa è la vera scheda di memoria. Quella che lei ha distrutto nel suo ufficio conteneva le foto del mio viaggio in Grecia l'estate scorsa... Sicuramente quando la mia ragazza si accorgerà che ho perso le foto delle vacanze mi ucciderà... ma ne è valsa la pena!

**Zamboni:** Io ti ucciderò, Gallinari! Mi hai ingannato!

---

*Lessico*

**trattare** to negotiate, to make a deal
**valerne la pena** to be worth it
**ingannare** to trick

# 94. TUTTI A TERRA

*Zamboni, completamente infuriato, estrae una pistola e la punta contro Ignazio e Agostina. Quando il Commissario Generale prova a fermarlo, Zamboni lo afferra e gli punta una pistola alla tempia. Tutti i poliziotti abbassano le armi.*

**Zamboni:** Tutti a terra! Voi, lanciate le vostre armi lontano!

**Commissario Generale Fratelli:** Che fa, Zamboni? É impazzito? Si arrenda subito e non renda le cose peggiori di quanto non lo siano già.

**Zamboni:** Lei stia zitto! Tutti a terra! Subito o gli faccio saltare le cervella!

**Agostina [sussurrando]:** Ignazio, che facciamo?

**Ignazio [sussurrando]:** Ho un piano...IN GUARDIAAA...

**Agostina [sussurrando a Ignazio]:** Ma che fai?

**Zamboni:** Silenzio! Ora esco da qui molto lentamente e non voglio che NESSUNO mi segua. Rimanete tutti a terra e contate fino a cento.

**Agostina [sussurrando]:** Dobbiamo fare qualcosa! Sta per scappare.

**Ignazio:** Raggio, ATTACCA!

*Lessico*

**estrarre** to pull out
**puntare** to aim a firearm at
**afferrare** to grab
**abbassare** to lower
**arrendersi** to surrender
**rendere** to make
**far saltare le cervella** to blow away
**scappare** to run away

# 95. L'ATTACCO
# DI RAGGIO X

*Non appena Ignazio dà l'ordine, Raggio X, che era presente*
*nella stanza tutto il tempo, salta e morde la mano di Zamboni*
*con cui impugna l'arma. Zamboni prova a scrollarselo di dosso,*
*però Raggio non lo molla. Dopo qualche secondo di lotta, riesce*
*a fargli cadere l'arma di mano. In quell'istante tutti i poliziotti*
*si alzano in piedi, recuperano le loro armi e le puntano contro*
*Zamboni.*

**Polizia:** Fermo, Zamboni!

**Commissario Generale Fratelli:** Raggio X! Mi hai
salvato... Beh, Gallinari, in realtà sei stato tu.

**Ignazio:** No, no, è stato davvero Raggio X. Io gli ho solo
dato l'ordine. È molto coraggioso... vero, cagnone? Vero
che sei il mio cagnone coraggioso?

**Agostina:** Commissario Generale, credo non sarà
necessario doverle spiegare che Zamboni è il vero
colpevole. Era lui a capo della rete di corruzione e noi non
abbiamo nulla a che vedere con tutto questo.

**Commissario Generale Fratelli:** Sì, è tutto chiaro.
Naturalmente apriremo un'indagine, ma dopo quello
che ho appena visto, non ho dubbi sulla colpevolezza di
Zamboni.

**Agostina:** Allora, le dispiacerebbe farci togliere le
manette?

**mordere** to bite
**scrollare** to shake off
**mollare** let go, release
**la lotta** fight
**recuperare** to retrieve
**nulla a che vedere (con)** nothing to do with
**la colpevolezza** guilt
**le dispiacerebbe...?** would you mind...?

# 96. ZAMBONI VIENE ARRESTATO

*Un gruppo di poliziotti ammanetta Zamboni, mentre altri poliziotti tolgono le manette a Ignazio e Agostina.*

**Zamboni:** Che fate?

**Commissario Generale Fratelli:** L'arrestano, Zamboni. Dopo tutto questo, non ho alcun dubbio che passerà il resto dei suoi giorni in gattabuia. E non solo per corruzione, ma anche per quello che ha appena fatto qui. Portatelo via!

**Zamboni:** Un momento! Un momento! Santoro, dimmi chi è stato, chi è l'informatore? Non può essere Ignazio, lui non poteva sapere... Dunque, chi è?

**Agostina:** Suppongo che dovrà rimanere con il dubbio, Zamboni. Così avrà qualcosa con cui passare le giornate.

**Zamboni:** Nooo! Dimmelo!

**Commissario Generale Fratelli:** Portatelo via, subito! ...Bene, ora che l'hanno portato via... Chi è quest'informatore di cui Zamboni vuole sapere il nome?

**Agostina:** Sinceramente, Commissario Generale, non ne abbiamo idea. Sappiamo solo che gli piace dipingere.

*Lessico*

**gattabuia** prison *(slang)*
**dunque** therefore, so
**passare la giornata** spend the day

# 97. LA CHIAMATA URGENTE DI NINA

*In quel preciso istante, squilla il telefono di Ignazio.*

**Ignazio:** È Nina!

**Agostina:** Fammi parlare con lei... Nina! Tutto bene?

**Nina:** No, non va tutto bene! Non va per niente bene, Agostina!

**Agostina:** Che è successo? Matteo sta bene?

**Nina:** Sì, sì, è qui con me nel taxi.

**Matteo:** Ciao, mamma! Stiamo andando all'ospedale!

**Agostina:** All'ospedale? Nina, che è successo? Un incidente?

**Nina:** No, no, è Alice! Alice sta per partorire! Andiamo al Policlinico Umberto I!

**Agostina:** Oh! Tranquilla, Nina, andrà tutto bene. Ci vediamo all'ospedale. Fai un respiro profondo!

---

*Lessico*

**per niente** at all
**l'incidente** accident, car crash
**partorire** to give birth
**il respiro** breath

# 98. L'OFFERTA

*Quando Agostina mette giù, il Commissario Generale Fratelli si avvicina e le fa una proposta.*

**Commissario Generale Fratelli:** Tutto a posto, Santoro?

**Agostina:** Sì, Commissario Generale. Una mia amica sta per diventare mamma, tutto qui!

**Commissario Generale Fratelli:** Oh! Capisco. Vada pure, allora... Prima però, vorrei farle una domanda.

**Agostina:** Certo, chieda pure.

**Commissario Generale Fratelli:** Santoro, che piani ha per il futuro?

**Agostina:** A cosa si riferisce?

**Commissario Generale Fratelli:** Beh, presto avremo bisogno di un nuovo ispettore capo che prenda il posto di Zamboni. Credo che qualcuno con la sua comprovata esperienza e la sua inattaccabile disciplina morale sarebbe la persona ideale.

**Agostina:** Oh! Certo. Beh... Ne sarei onorata! Però ad una sola condizione.

**Commissario Generale Fratelli:** Certo, mi dica.

**Agostina:** Ho bisogno di un mese di vacanza per trascorrere del tempo con mio figlio.

**Commissario Generale Fratelli:** Ahahah! Ma certo, Santoro. La famiglia prima di tutto. Al suo ritorno, il posto di ispettore capo sarà suo.

---

*Lessico*

**mettere giù** to hang up
**vada pure** go ahead
**comprovato** demonstrated, proved
**inattaccabile** unassailable, unimpeachable

# 99. AL VITTORIANO

*Un paio di settimane dopo, Agostina fa una visita al Complesso del Vittoriano con Matteo. Stanno installando nuovamente il quadro con i cinque crimini. Anche Alice è lì, con la sua bambina.*

**Agostina:** Oh, che meraviglia! È già così grande! Guarda, Matteo, guarda la bimba com'è grande! Hai deciso come chiamarla?

**Alice:** Sì: Agostina!

**Agostina:** Oh! Ne sei sicura? Per me, è un tale onore.

**Matteo:** La bimba si chiama come te, mamma? Per me è un nome bellissimo.

**Agostina:** Grazie... Ci sono novità sul dipinto, Nina?

**Nina:** Non sappiamo nulla di nuovo... Però alla direttrice è piaciuta tanto l'idea di riappenderlo. Questa volta, abbiamo mandato in stampa una targhetta.

**Agostina:** Ah, sì?! E che c'è scritto sulla targhetta?

**Nina:** Dice: "Autore sconosciuto, olio su tela e scheda di memoria. Questo dipinto ha aiutato nella risoluzione di cinque crimini in un giorno e a smantellare una rete di polizia corrotta". Crediamo che quando la notizia verrà pubblicata sui giornali, il quadro porterà molti turisti al museo.

**Alice:** Ehi, guardate chi c'è qui! È Adriano.

---

*Lessico*

**tale** such
**mandare in stampa** send to print
**la targhetta** nameplate, plaque
**smantellare** to dismantle, to take apart

# 100. LA VISITA
# DI ADRIANO

*Adriano, vestito con un lungo cappotto e un cappello, si avvicina al gruppo. Dopo aver salutato tutti, prende da parte Agostina per parlare da solo con lei.*

**Agostina:** Ciao, Adriano. È un piacere finalmente conoscerti di persona. Volevo ringraziarti per il tuo aiuto.

**Adriano:** Beh, in realtà io non ho contribuito granché per risolvere questo mistero... finora.

**Agostina:** Cosa vuoi dire...?

**Adriano:** Non è stato facile, però abbiamo scoperto chi ha dipinto il quadro, alla fine.

**Agostina:** E chi è stato?

**Adriano:** Guarda... È proprio lì! Che contempla la sua stessa opera.

**Agostina:** Quello è... È Luca Zamboni! Vuoi dire che ha incolpato suo padre?

**Adriano:** Proprio così. Dopo tutto, tu non avresti fatto lo stesso?

**Agostina:** Credi che dovremmo dire o fare qualcosa?

**Adriano:** Sinceramente, credo che per lui e per la sua famiglia sarà meglio se tutto rimane così com'è.

### Lessico

**prendere da parte** to take aside, to have a word with
**granché** much
**finora** until now, so far
**così com'è** as is

# 101. LUCA RICEVE
# UN INVITO

*Quando Luca vede la detective Santoro, si avvicina a lei. Ha l'aria un po' triste però sta bene.*

**Agostina:** Come stai, Luca? Mi dispiace per tuo padre.

**Luca:** Non si preoccupi, detective... Suppongo che se lo meritasse.

**Agostina:** Sei andato a trovarlo in prigione?

**Luca:** Sinceramente, mio padre ed io non abbiamo mai avuto un buon rapporto.

**Agostina:** Capisco... Questo è Adriano. Credo che voi potreste andare molto d'accordo. Anche Adriano ama molto l'arte.

**Luca:** Ciao, Adriano. Così ti piace l'arte? A me piace molto dipingere.

**Adriano:** Sì, lo so.

**Luca:** Lo sai?

**Adriano:** Sì, in realtà faccio parte di un club segreto e molto speciale, composto da persone che amano l'arte e sappiamo molto sul tuo conto. Stavamo pensando di invitarti a fare parte del nostro club, se ti interessa...

**supporre** to suppose, presume
**meritarsi** to deserve
**rapporto** relationship
**andare d'accordo** to get along with
**sul conto di...** on your account

*FINE*

# THANKS FOR READING!

I hope you have enjoyed this book and that your language skills have improved as a result!

A lot of hard work went into creating this book, and if you would like to support me, the best way to do so would be to leave an honest review of the book on the store where you made your purchase.

Want to get in touch? I love hearing from readers. Reach out to me any time at *olly@storylearning.com*

To your success,

Olly Richards

# MORE FROM OLLY

If you have enjoyed this book, you will love all the other free language learning content I publish each week on my blog and podcast: *StoryLearning*.

**Blog**: Study hacks and mind tools for independent language learners.

*www.storylearning.com*

**Podcast:** I answer your language learning questions twice a week on the podcast.

*www.storylearning.com/itunes*

**YouTube:** Videos, case studies, and language learning experiments.

*https://www.youtube.com/ollyrichards*

# COURSES FROM OLLY RICHARDS

If you've enjoyed this book, you may be interested in Olly Richards' complete range of language courses, which employ his StoryLearning® method to help you reach fluency in your target language.

Critically acclaimed and popular among students, Olly's courses are available in multiple languages and for learners at different levels, from complete beginner to intermediate and advanced.

To find out more about these courses, follow the link below and select "Courses" from the menu bar:

*https://storylearning.com/courses*

*"Olly's language-learning insights are right in line with the best of what we know from neuroscience and cognitive psychology about how to learn effectively. I love his work!"*

Dr. Barbara Oakley,
Bestselling Author of "A Mind for Numbers"

Made in the USA
Las Vegas, NV
06 November 2023

80339688R00134